主要人物图鉴

周赧王
姬延

东周末代君主　在位59年
债台高筑　被秦人赶出王宫

秦孝公
嬴渠梁

嬴姓、赵氏　秦献公之子
重用商鞅　迁都咸阳

秦惠文王
嬴驷

19岁即位　改"公"称"王"
族灭商鞅，不废其法

秦武王
嬴荡

嬴驷与惠文后之子　勇武善战
联越制楚　设立丞相　举鼎而亡

秦昭襄王
嬴 稷

嬴驷与芈八子之子　在位56年
重用白起　贡献了许多成语
语文课本中战国时期的反派秦王

秦孝文王
嬴 柱

嬴稷次子　安国君　宠爱华阳夫人
在位3天　秦国在位时间最短的君主

秦庄襄王
嬴子楚

本名异人　年轻时在赵国当质子
奇货可居　认华阳夫人为嫡母

秦始皇
嬴 政

嬴子楚与赵姬之子　祖龙
吞并六国　中国历史上第一个皇帝
抵御匈奴　统一度量衡　渴望长生

公子
扶苏

嬴政长子　其名来源于《诗经》
为人仁厚　始皇帝死后被迫自杀

秦二世
胡亥

师从赵高　残杀众多兄弟姐妹
逼死扶苏　被赵高的手下逼迫自杀

秦王
子婴

身世存疑　诛杀赵高
在位46天　为项羽所杀

相邦
吕不韦

姜姓、吕氏　商人　政治家
投资嬴异人　主持编纂《吕氏春秋》

法家代表
商 鞅

姬姓、公孙氏　卫国人　封于商於
别称公孙鞅、卫鞅、商君　车裂而死

丞　相
赵 高

嬴姓、赵氏　宦官　拥立胡亥为帝
指鹿为马　作《爱历篇》

西楚霸王
项 羽

姬姓、项氏、名籍　悲剧英雄
推翻秦朝　巨鹿之战　楚汉之争

马其顿国王
亚历山大

亚历山大三世　军事家　政治家
西方四大军事统帅之一
师从亚里士多德

秦国君主关系图（自秦孝公始）

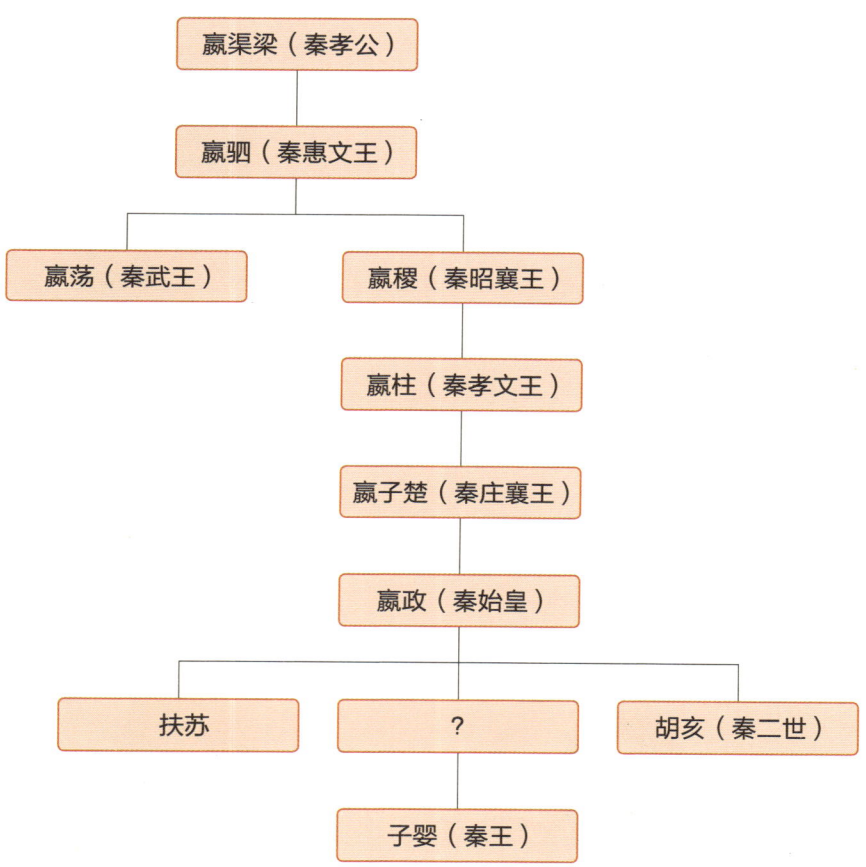

注：秦王子婴身世存疑，本书采信其为"胡亥兄长之子"的说法。

目 录

壹 周天子建诸侯群，秦人反客为主遭怒斥：
"你们不过是周王室的养马奴！"   001

贰 法家大佬商鞅空降帝王群：
给众人翻译翻译什么叫"作法自毙"   031

叁 秦昭襄王嬴稷：
"秦王那么多，为什么课本里的反派总是我？"   059

肆 用商业的眼光经营政治：
一场投资缔造的完美逆袭   083

伍 欲戴王冠，必承其重：
大秦顶流始皇帝的黑料八卦   109

陆 亚历山大大帝进群：
东西方雄主相遇，谁能更胜一筹？   131

| 柒 | **没有对比，就没有伤害：**
他们同为帝师，教出的学生却有天壤之别 159 |

| 捌 | **胡亥拉子婴进群分担火力：**
"我虽亡秦有过，但真正的亡国之君是他！" 183 |

| 玖 | **天上掉下个楚霸王：**
"力拔山兮气盖世，我进群好像不太合适！" 207 |

| 拾 | **当失传已久的庙号重现大秦：**
谁为祖，谁称宗？ 229 |

| 附 | **秦朝趣味知识测试全国统一卷** 255 |

周天子建诸侯群,秦人反客为主遭怒斥:
"你们不过是周王室的养马奴!"

历史太好玩了！古代帝王群聊. 秦朝篇

周朝股份有限公司（散股群）（6）

"姬延"修改群名为"周朝股份有限公司（散股群）"

姬延
各位诸侯，今天我姬延创建这个周朝诸侯国群聊，是因为你们都是我大周的亲藩、功臣！

姬延
@所有人

姬延
寡人呢，现在经营大周王畿，手头有点紧，希望各位……

大规模退群提示：楚、韩、魏、赵、燕、齐六国王室成员全部退出群聊。

姬延
什么情况？怎么我一提借钱全都跑了？！

姬延
刚建的群还没热乎呢！

002

壹　周天子建诸侯群,秦人反客为主遭怒斥:"你们不过是周王室的养马奴!"

嬴稷
看见老赖能不跑吗?

姬延
……

姬延
他们退群未必是怕我借钱,也有可能是看见你这个大魔王在!@嬴稷

嬴稷
得了吧!各诸侯国都弃你而去,只有我们大秦不离不弃。

嬴驷
我儿说得对!

嬴驷
多么熟悉的一幕……当年东周刚建立的时候,护送周平王东迁的也有我们秦国人。

嬴稷
爸爸好!@嬴驷

历史太好玩了！古代帝王群聊．秦朝篇

周朝股份有限公司（散股群）（6）

嬴驷
稷儿好！@嬴稷

姬延
了不起啊，你们姓嬴的永远都是我们周王室的养马奴！

嬴渠梁
呵呵！

嬴渠梁
咱们大秦的先祖秦非子虽然是给你周王室养马的，但周幽王因烽火戏诸侯，失去信誉，犬戎攻入镐京之时，都没人帮忙，最终被杀害于骊山之下。

姬延
那又怎样？

嬴渠梁
后来秦襄公保卫周王室有功，我们大秦被正式封为诸侯国。

壹 周天子建诸侯群,秦人反客为主遭怒斥:"你们不过是周王室的养马奴!"

🔊 西周(公元前1046年—公元前771年)和东周(公元前770年—公元前256年)是周朝的两个时期。周武王灭商后建立了周朝,定都镐(hào)京;二百多年后,周平王将都城东迁至洛邑。平王东迁是周朝国势的转折点。由周武王立国至周幽王被杀的时期被称为西周,而平王迁都之后的周朝则被称为东周。

🔊 据说秦人的老祖宗秦非子是舜、禹时期的重臣伯益的后代,擅长养马,因此受到周孝王器重,获得秦地作为封地,为后来秦国正式成为诸侯国打下基础。

🔊 公元前771年,犬戎(古代部落)进攻镐京,周幽王在战乱中死于骊山,周朝的大乱让秦国人突然捡了个便宜。由于秦国地处西陲,离当时的周朝首都镐京最近,秦国君主秦襄公便出兵护送周平王东迁,因功被封为诸侯。

烽火戏诸侯的典故出自《史记》，说的是西周最后一任君主周幽王宠爱褒姒，但褒姒是个冰山美人，周幽王为了逗她一笑，便点燃烽火谎报军情，让各路诸侯来打仗，诸侯们被周幽王忽悠来了，却连半个敌人也没发现，褒姒看到诸侯们灰头土脸，终于忍不住笑出了声。

褒姒不好笑，幽王欲其笑万方，故不笑。幽王为烽燧大鼓，有寇至则举烽火。诸侯悉至，至而无寇，褒姒乃大笑。

——《史记·周本纪》

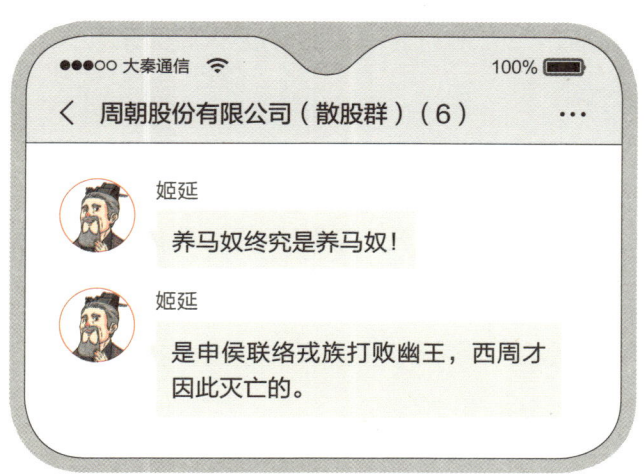

壹 周天子建诸侯群，秦人反客为主遭怒斥："你们不过是周王室的养马奴！"

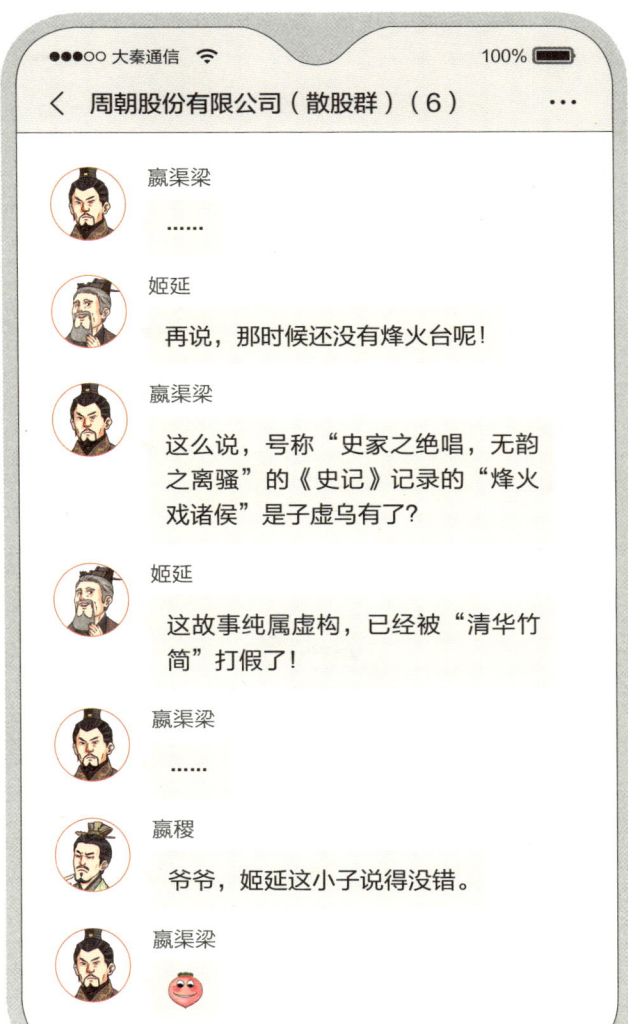

🔊 清华竹简是清华大学于2008年7月收藏的约2500枚战国竹简的简称。这批竹简以楚国文字为载体,应为战国中晚期之物,它极大地丰富了考古信息,对先秦时期古籍、文化的研究有巨大的贡献。

🔊 前面提过,周平王迁都后的周朝被称作东周,东周的前半段叫春秋时期,之所以叫"春秋"是因

壹　周天子建诸侯群，秦人反客为主遭怒斥："你们不过是周王室的养马奴！"

为这段时间包括了我国第一部编年体史书《春秋》的起讫年代。春秋时期结束后到秦始皇统一中国前则被称为战国时期。

🔊　根据出土文物及史书记载推测，"烽火戏诸侯"可能是历史上最大的"fake news"（假新闻），西周覆亡的真相大概是这样的：周幽王原本娶了申侯之女为王后，生了太子宜臼，但他更宠爱褒姒和褒姒生的儿子伯服，最终废掉了申后和太子宜臼，改立褒姒为后，立伯服为太子。被废的宜臼逃到申国，愤怒的申侯联合缯侯、犬戎攻打幽王，幽王与伯服在战乱中死于骊山，西周政权遭受了沉重打击，各诸侯国拥立宜臼继位，即周平王。

🔊　犬戎与周朝一通群架把关中沃野打成了垃圾堆，周平王实在无力经营，只好把岐山以西的土地赐给秦国作为封赏，从此，秦国开始有了挤进周朝诸侯"俱乐部"之中的资本。

别跟我赌,我姓嬴(6)

嬴荡:你再说一句试试,信不信我们一家群殴你?

姬延:……

姬延:不对啊,我明明拉的是大周诸侯群聊,怎么你们嬴秦的子子孙孙都进来了?!

"嬴稷"修改群名为"别跟我赌,我姓嬴"

姬延:……

嬴驷:此嬴非彼嬴,谐音梗可是要扣钱的!@嬴稷

嬴稷:爸爸不会的,爸爸最疼稷儿了。

壹 周天子建诸侯群，秦人反客为主遭怒斥："你们不过是周王室的养马奴！"

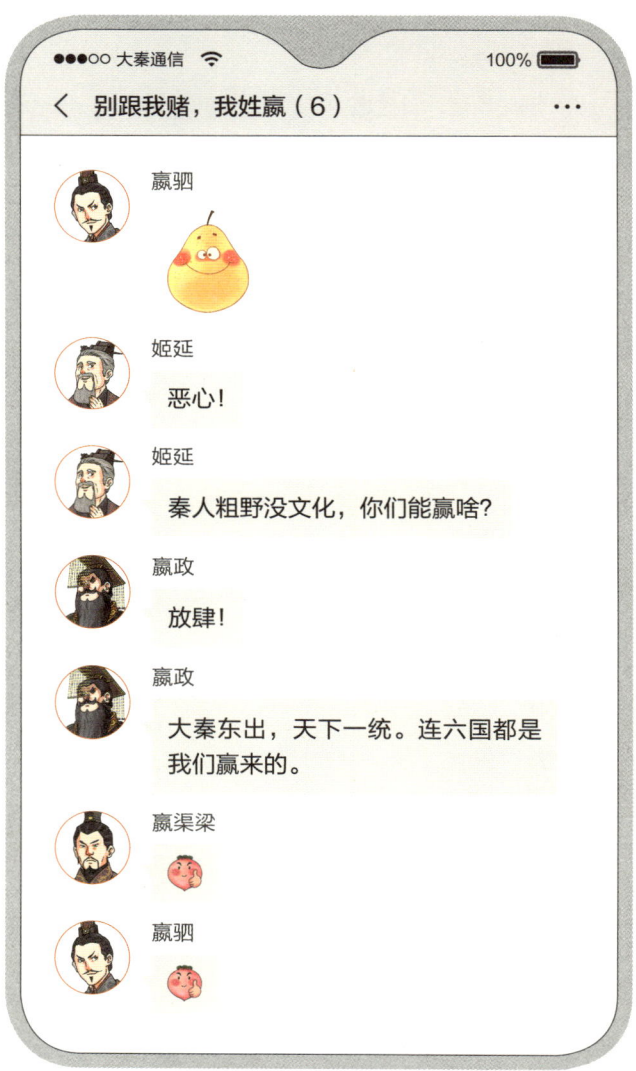

壹　周天子建诸侯群，秦人反客为主遭怒斥："你们不过是周王室的养马奴！"

历史太好玩了！古代帝王群聊. 秦朝篇

姬延
行啊！诸侯退群我忍了，秦人霸群我也忍了。如今连天下都成了养马家奴的了。

嬴稷
你少左一个养马，右一个家奴的。

嬴稷
你自己因为周王室辖地越来越紧促，养不起军队，摆不起排场，向洛阳富商借了不少钱，还不起，就跑到高台上躲债当老赖。

姬延
……

嬴政
因此他贡献了一个成语：债台高筑。

壹　周天子建诸侯群，秦人反客为主遭怒斥："你们不过是周王室的养马奴！"

🔊　皇帝是中国古代封建社会的最高领袖。中国上古有"三皇五帝"，而夏朝君主称"后"，商朝君主称"帝"，周天子称"王"。秦王嬴政统一中国之后，采取了德兼三皇、功盖五帝的说法，自称"皇帝"，"皇帝"成为中国古代最高统治者的正式称号。

王初并天下，自以为德兼三皇，功过五帝，乃更号曰"皇帝"，命为"制"，令为"诏"，自称曰"朕"，追尊庄襄王为太上皇。

——《资治通鉴》

🔊　债台高筑形容的是人欠了一屁股债，穷得还不起了。这个成语源自周赧（nǎn）王姬延躲在高台避债的故事："周赧王负责（责，古同债），无以归之，主迫责急，乃逃于此台，后人因以名之。"

壹　周天子建诸侯群，秦人反客为主遭怒斥："你们不过是周王室的养马奴！"

楚怀王在战国时代属于比较有名的"智商不在线"的君主。有一次秦军攻取了楚国许多城池，楚怀王非常郁闷，此时秦昭襄王给他发了个"私信"，说要在武关会面，签份两国合同。楚怀王很害怕，不敢去，又不敢不去，踌躇了好久之后还是选择去见秦昭襄王，结果被秦王扣留，导致有去无回，最终身死异乡，这是楚国在外交上的重大耻辱与失败，为楚国后来的败亡埋下了伏笔。

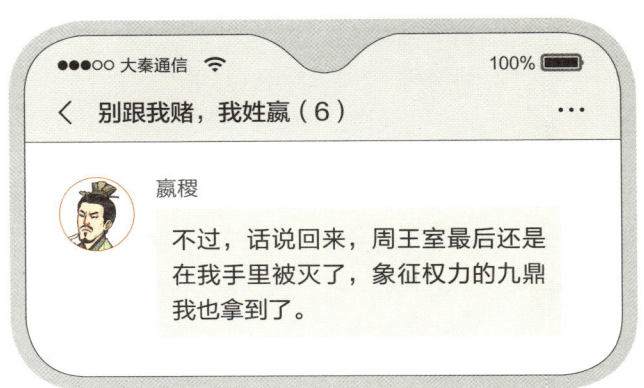

别跟我赌,我姓嬴(6)

嬴荡
@嬴稷 弟弟,咱能不能不提九鼎的事?

嬴稷
不好意思,差点忘了哥哥你是举鼎而死。

嬴荡
……

嬴荡
嬴稷你说这话我就不高兴了,我好歹也是继承父王纵横之业,打开秦通往中原之路的一代雄主。

嬴荡
再说我举鼎可是有着很强的政治意义。

嬴稷
什么意义?

壹　周天子建诸侯群，秦人反客为主遭怒斥："你们不过是周王室的养马奴！"

< 别跟我赌，我姓嬴（6）

嬴荡

有个词叫"夺鹿举鼎"，周失其鹿，天下共逐，我怎么就不能学楚庄王问鼎中原了！

嬴稷

没说你不可以啊！

嬴荡

再说，你不就比我活得久吗？除此之外，你哪点比我强了？

嬴稷

是啊，论力气，我比不过你，你能与孟说比赛举龙文赤鼎——虽然大鼎脱手，砸断胫骨，气绝而亡了。

嬴荡

……

嬴稷

论武力，我也比不过你，你从函谷关打到洛阳城——然后就英年早逝了。

 九鼎可以说是中国上下五千年历史最悠久、故事最传奇、身价最高的文物了。夏朝初年，治水小能手大禹划分天下为九州，用九州所献的吉金铸造九鼎，象征九州归一，同时将九州山川物产镌刻鼎身。

禹收九牧之金，铸九鼎，象九州。

——《汉书·郊祀志》

壹　周天子建诸侯群，秦人反客为主遭怒斥："你们不过是周王室的养马奴！"

🔊　　问鼎中原说的是楚国北伐，到了周朝王都旁边，楚王充满好奇心地"关心"了一下九鼎的重量，此举（问鼎）成为后世英雄野心勃勃想要夺取天下的代称。

🔊　　嬴荡是战国时期秦国的国君，他是秦惠文王嬴驷之子，秦昭襄王嬴稷之兄。嬴荡孔武有力，勇猛好战，23岁时与大力士孟说比赛举九鼎之一的龙文赤鼎，受伤身亡。

🔊　　嬴荡说的"周失其鹿，天下共逐"改自《史记·淮阴侯列传》中"秦失其鹿，天下共逐之"。"鹿"在这里指的是统治地位，有个成语叫"鹿死谁手"，就是用追逐野鹿来比喻争夺天下。

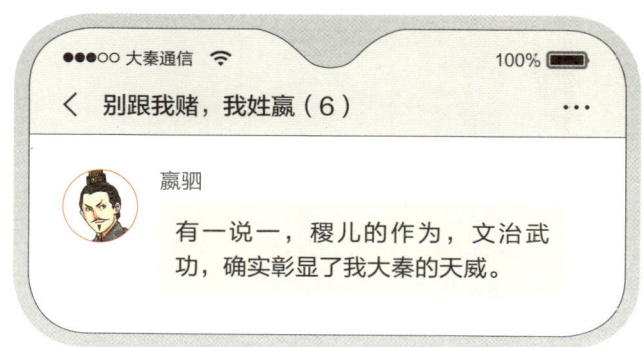

别跟我赌，我姓嬴（6）

嬴驷
远交近攻，战胜三晋，攻取魏国的河东郡、楚国的黔中郡，发动长平之战、大胜赵军。

嬴驷
此外，稷儿还攻陷东周王都洛邑，迁九鼎于咸阳，结束了周朝八百年统治。

嬴稷
爸爸您十九岁即位，虽然族灭卫鞅，却不废其法。

嬴驷
……

"嬴稷"撤回了一条消息

嬴稷
爸爸您十九岁即位，自称秦王，连横六国，北伐义渠，西平巴蜀，东出函谷，南下商於，为秦统一中国打下基础。

壹 周天子建诸侯群，秦人反客为主遭怒斥："你们不过是周王室的养马奴！"

历史太好玩了！古代帝王群聊.秦朝篇

别跟我赌，我姓嬴（6）

嬴政

嬴渠梁
要论功劳，没有我跟商鞅的变法，你们拿什么本钱东征西战？

嬴驷
爸爸说得对。

嬴稷
爷爷说得对。

嬴渠梁
另外，你们也别笑话嬴荡了，人家孩子多不容易。

嬴荡

嬴渠梁
嬴荡结盟魏国，联越制楚，攻拔宜阳，平定蜀乱。要不是举鼎死得早，哪有你嬴稷什么戏份？

壹　周天子建诸侯群，秦人反客为主遭怒斥："你们不过是周王室的养马奴！"

🔊　公元前256年（秦昭襄王五十一年，周赧王五十九年），东周都城被秦军攻克，绵延近八百年的周朝至此灭亡。

🔊　商鞅是卫国人，姬姓，公孙氏，名鞅，也被称为卫鞅、公孙鞅、商君等。他是嬴渠梁委任辅佐儿子嬴驷的重臣，但因变法得罪太多人，最终被诬陷谋反，遭嬴驷处以车裂之刑。

商君者，卫之诸庶孽公子也，名鞅，姓公孙

氏，其祖本姬姓也。

——《史记·商君列传》

🔊 在嬴驷之前，秦国君主都称"公"，比如秦孝公、秦献公等，嬴驷改"公"称"王"，是秦国的第一位"王"。

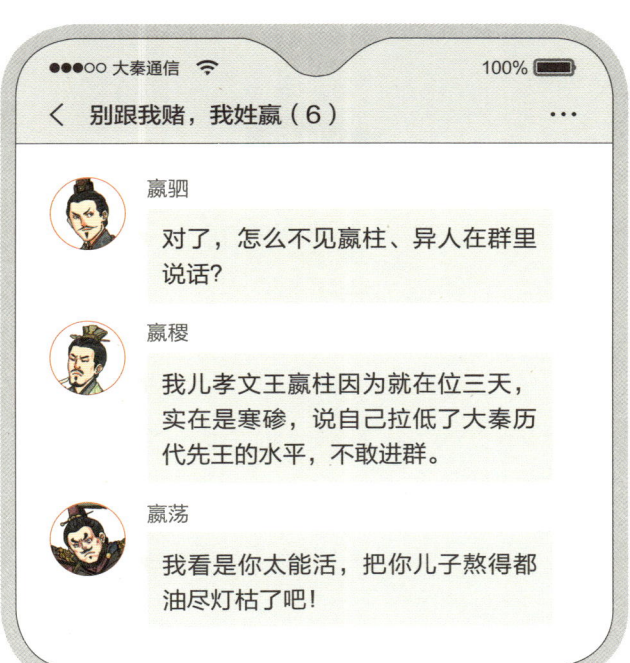

壹　周天子建诸侯群，秦人反客为主遭怒斥："你们不过是周王室的养马奴！"

敲黑板

🔊　秦昭襄王嬴稷在位56年，孝文王嬴柱在为父亲嬴稷服丧期间执政近一年，但是在位仅己亥、庚子、辛丑3天，庄襄王嬴异人（即嬴子楚）在位3年，三人相加才和在位59年的周赧王不分伯仲。

壹 周天子建诸侯群，秦人反客为主遭怒斥："你们不过是周王室的养马奴！"

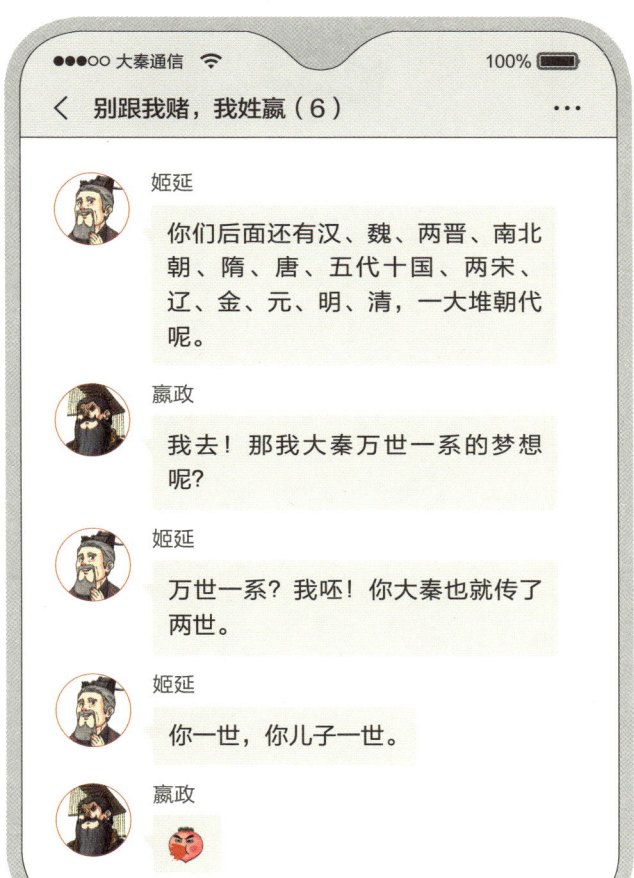

🔊　秦朝虽然有三位统治者——秦始皇、秦二世、秦王子婴，但是只有两个皇帝，秦王子婴并不是秦三世皇帝，而是复称秦王。子婴最后死于项羽之手，关于他的身份，史学界说法不一，本书采信"子婴是胡亥兄长之子"一说（立二世之兄子公子婴为秦王）。

法家大佬商鞅空降帝王群：
给众人翻译翻译什么叫"作法自毙"

历史太好玩了！古代帝王群聊．秦朝篇

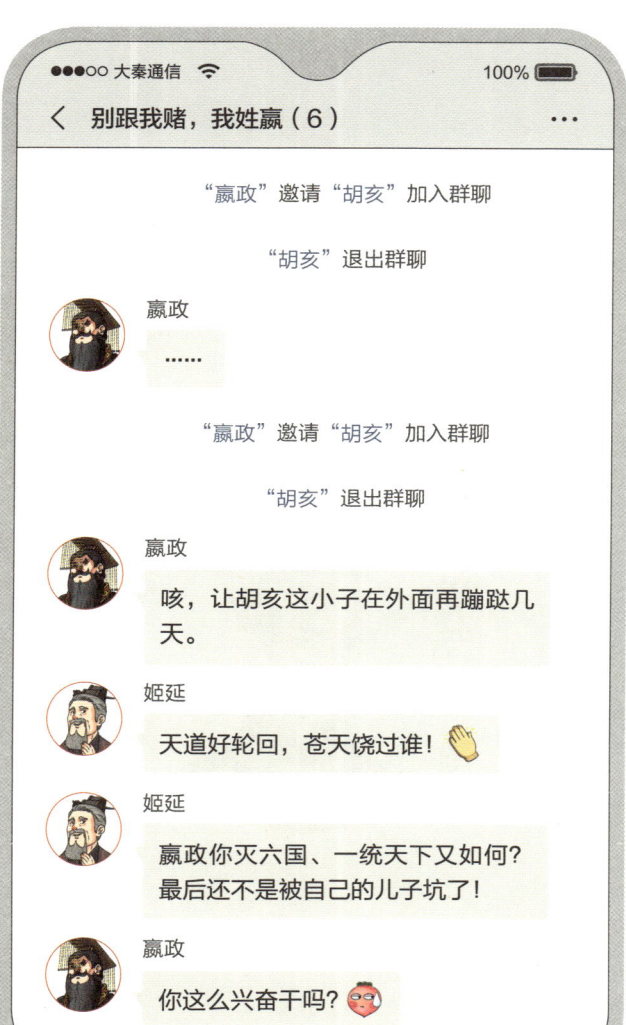

贰　法家大佬商鞅空降帝王群：给众人翻译翻译什么叫"作法自毙"

姬延
秦朝二世而亡，比起大周800年社稷……啊，我这心里舒服多了。

嬴政
……

嬴政
800年又怎样？秦能灭周，乃是上天注定！

姬延
这是哪门子歪理？

嬴政
周是火德，秦是水德，水克火，所以秦能灭周！这叫五行学说，是先秦诸子百家里的一派。

嬴政
说起诸子百家，还是我们大秦的法家最好用！

🔊 论寿命，周朝与秦朝是中国正统王朝中的两个极端。周朝寿命超级长，绵延约800年，简直是王朝中的"待机王"；而秦朝从建立到灭亡，前后14年，其中秦始皇在位11年，秦二世在位两年半，秦王子婴在位一个多月（也有算法将秦朝寿命算成15年，但古代帝王有即位当年不改元的传统，因此秦朝实际寿命应是14年），和周朝一比，都没过完青春期。

🔊 诸子百家指的是春秋战国时期的思想家和学派，诸子是真的，百家是虚的，百家是表示数量很多的意思，并非真的有那么多学派。

司马迁的父亲司马谈将这些学派概括为六家：阴阳家、儒家、墨家、名家、法家、道德家。西汉末年的刘歆将其概括为十家：儒家、墨家、道家、名家、法家、阴阳家、农家、纵横家、杂家、小说家。

贰　法家大佬商鞅空降帝王群：给众人翻译翻译什么叫"作法自毙"

其中，儒家主张仁与礼，代表人物有孔子、孟子和荀子等；墨家主张"兼爱""非攻""节葬""节用"等，代表人物是墨子；道家主张无为，代表人物是老子和庄子；名家擅长辩论，代表人物是惠施、公孙龙等；法家分法、术、势三派，秦的统治者推崇法家；阴阳家擅长用阴阳五行来解释世间万物，代表人物是邹衍；纵横家主要从事政治与外交活动，代表人物是鬼谷子，鬼谷子是战国人，相传风云一时的苏秦、张仪、孙膑、庞涓都是他的弟子。

🔊　阴阳家把金、木、水、火、土五行看成五德，认为历代王朝都有各自的德运，与五行相对应，相克关系也与五行一致。如商是金德，周是火德，那么取代周的就是水德。

记忆五行关系小技巧：

我们通常会说"金木水火土"，其实如果按照"木火土金水"这个顺序记忆，更容易区分它们的关系。

木　火　土　金　水

顺位是相生关系：木生火，火生土，土生金，金生水，水生木。

隔位是相克关系：木克土，火克金，土克水，金克木，水克火。

阴阳家者流，盖出于羲和之官，敬顺昊天，历象日月星辰，敬授民时，此其所长也。

——《汉书·艺文志》

凡帝王者之将兴也，天必先见祥乎下民。黄帝之时，天先见大螾大蝼，黄帝曰"土气胜"，土气胜，故其色尚黄，其事则土。及禹之时，天先见草木秋冬不杀，禹曰"木气胜"，木气胜，故其色尚青，其事则木。及汤之时，天先见金刃生于水，汤曰"金气胜"，金气胜，故其色尚白，其事则金。及文王之时，天先见火，赤乌衔丹书集于周社，文王曰"火气胜"，火气胜，故其色尚赤，其事则火。代火者必将水，天且先见水气胜，水气胜，故

贰　法家大佬商鞅空降帝王群：给众人翻译翻译什么叫"作法自毙"

其色尚黑，其事则水。

——《吕氏春秋》

始皇推终始五德之传，以为周得火德，秦代周德，从所不胜。方今水德之始，改年始，朝贺皆自十月朔。

——《史记·秦始皇本纪》

历史太好玩了！古代帝王群聊. 秦朝篇

别跟我赌，我姓嬴（7）

姬延
什么鬼，他不姓嬴吧？

嬴驷
🐸 对啊，爸爸，外姓的进来不合适吧？@嬴渠梁

嬴渠梁
少安毋躁，主题需要！

姬延
……

嬴驷
……

鞅
臣卫鞅，见过历代秦君。

嬴政
商君，偶像啊！

鞅
始皇帝好！@嬴政

贰 法家大佬商鞅空降帝王群：给众人翻译翻译什么叫"作法自毙"

* 这里的"五等分"指车裂，基本可以等同为俗话说的五马分尸。

历史太好玩了！古代帝王群聊．秦朝篇

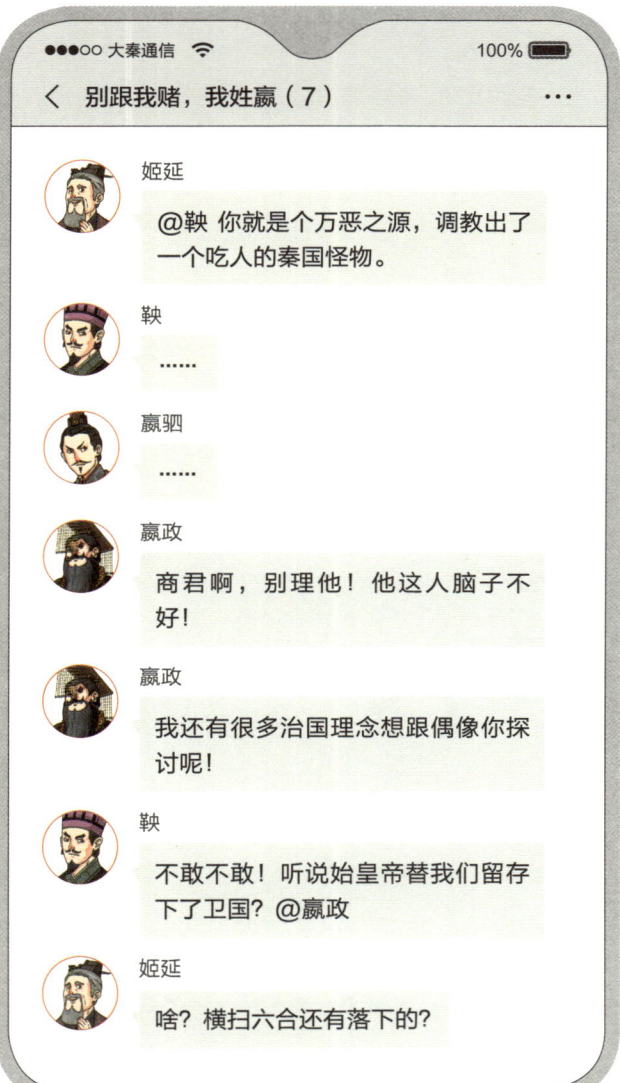

贰 法家大佬商鞅空降帝王群：给众人翻译翻译什么叫"作法自毙"

别跟我赌,我姓嬴(7)

嬴政
> 商君乃卫国人,没有商君的变法图强,哪来大秦的一统天下?

鞅
>

嬴政
> 再说了,卫国规模太小,就剩下弹丸之地延续卫君血脉,所以放过它了。

鞅
>

姬延
> 啥?我也就剩弹丸之地,你怎么没放过我?@嬴政

嬴政
> 怎么哪都有你?灭你的又不是我!你问我太爷爷@嬴稷 去!

贰　法家大佬商鞅空降帝王群：给众人翻译翻译什么叫"作法自毙"

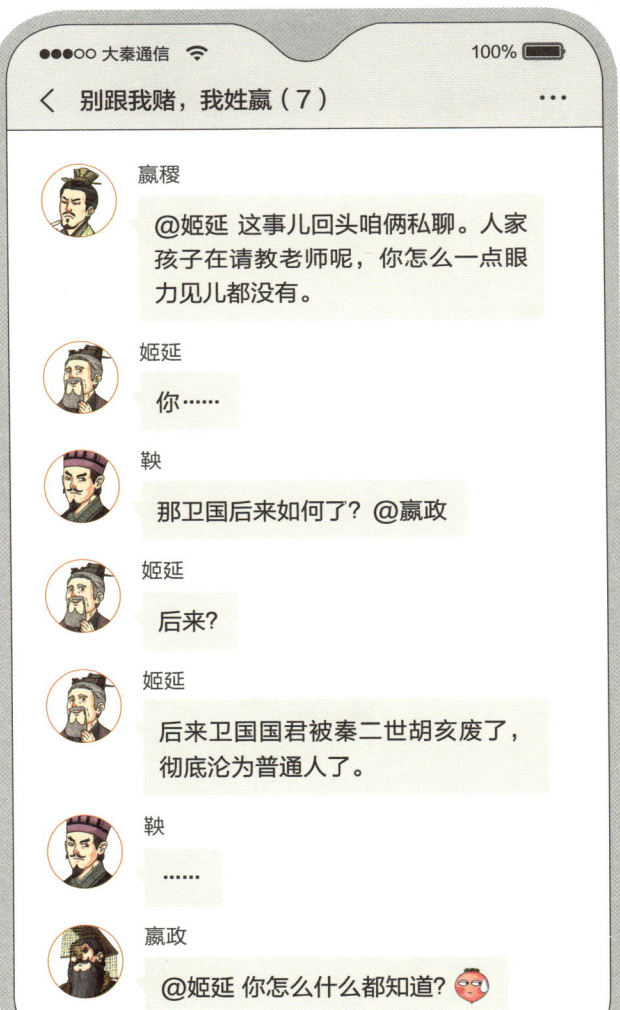

 卫国原为周武王同母少弟卫康叔姬封的封地，虽然卫国在春秋战国时期多次被周围的大国侵袭，但它的生命力极其顽强，秦始皇统一天下时还存在，到秦二世时期才彻底覆灭。

君角（卫国末代国君）九年，秦并天下，立为

贰　法家大佬商鞅空降帝王群：给众人翻译翻译什么叫"作法自毙"

始皇帝。二十一年，二世废君角为庶人，卫绝祀。

——《史记·卫康叔世家》

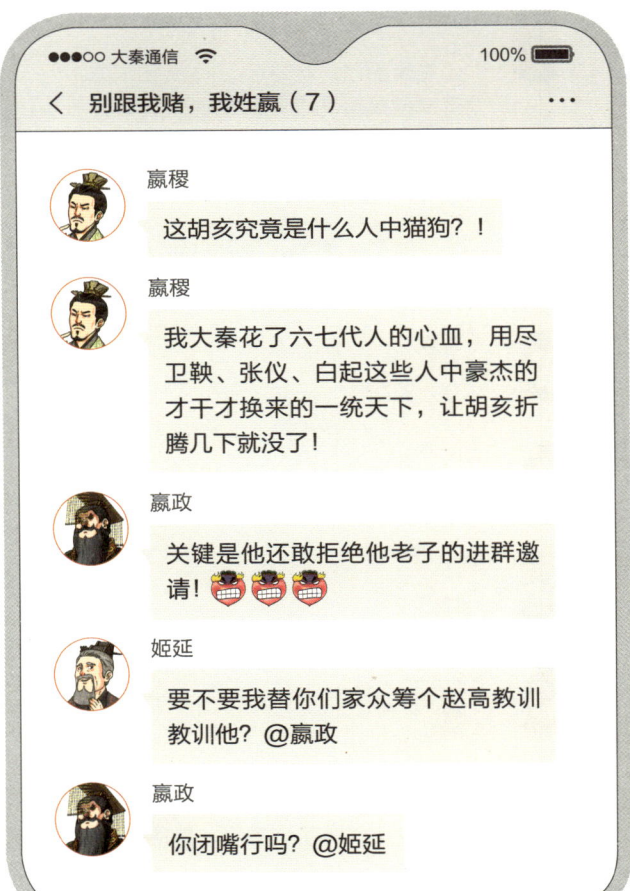

别跟我赌,我姓嬴(7)

鞅
始皇帝莫气,你看我,虽然被车裂了,但是秦法没废,还助力大秦日益强大。

嬴驷
咳,对了,爸爸,我得跟你承认个错误。@嬴渠梁

嬴渠梁
怎么了?

嬴驷
是我把卫鞅车裂了的……

鞅

嬴渠梁

嬴渠梁
卫鞅变法得罪了太多人,他的结局我心里也有数。

贰 法家大佬商鞅空降帝王群：给众人翻译翻译什么叫"作法自毙"

* "公如青山，我如松柏"形容的是嬴渠梁和商鞅之间的君臣佳话，源自后世的文艺加工。

别跟我赌,我姓嬴(7)

鞅
是啊,当时我在魏国,老领导公叔痤觉得我是个人才,要么就用,要么就杀,可是魏王没听进去,留了我一条命,让我可以西入秦国,实现变法之志。

嬴渠梁
后来卫鞅三次加我好友,第一次给我安利尧舜的治国帝道,我拒绝了。

嬴渠梁
第二次给我安利商周的治国王道,我又拒绝了。

姬延
好家伙,敢情卫鞅是个"微商"啊。

鞅
所以说,还是春秋霸道最适合孝公。@嬴渠梁

贰　法家大佬商鞅空降帝王群：给众人翻译翻译什么叫"作法自毙"

公叔痤（cuó）是战国初期魏国的相国，商鞅曾在他的门下。公叔痤病重时，魏王问他，如果他病不见好，社稷该怎么办，公叔痤告诉魏王，自己的家臣公孙鞅（即商鞅）虽然年轻，却有奇才，魏王可以将国事托付给他。魏王对此不以为然，公叔痤告诫魏王，如果不能重用此人，一定要杀了他，别让他离开魏国。魏王答应了，但最终还是没把公叔痤的建议当回事。商鞅离开魏国来到秦国，果然大有所为。

鞅少好刑名之学，事魏相公叔痤为中庶子。公叔痤知其贤，未及进。会痤病，魏惠王亲往问病，曰："公叔病有如不可讳，将奈社稷何？"公叔曰："痤之中庶子公孙鞅，年虽少，有奇才，原王举国而听之。"王嘿然。王且去，痤屏人言曰："王即不听用鞅，必杀之，无令出境。"王许诺而去。

——《史记·商君列传》

> 公叔痤死，公孙鞅闻之，已葬，西之秦，孝公受而用之。秦果日以强，魏日以削。
>
> ——《战国策·魏策》

🔊 商鞅进入秦国后，先后用帝道、王道游说秦孝公，但是都没能让秦孝公对他格外关注，最后他用霸道抓住了秦孝公的心，也定下了未来秦国发展的基调。

> 卫鞅曰："吾说公以帝道，其志不开悟矣。"后五日……鞅曰："吾说公以王道而未入也。请复见鞅。"鞅复见孝公，孝公善之而未用也。罢而去。孝公谓景监曰："汝客善，可与语矣。"鞅曰："吾说公以霸道，其意欲用之矣。诚复见我，我知之矣。"卫鞅复见孝公。公与语，不自知膝之前于席也。语数日不厌。
>
> ——《史记·商君列传》

贰 法家大佬商鞅空降帝王群：给众人翻译翻译什么叫"作法自毙"

嬴渠梁
商君之法，乃万世不移之法，秦必遵之！@鞅

嬴驷
对！大争之世，强则强，弱则亡！

姬延
人心不古啊，成天想着变法维新，能不礼崩乐坏吗……

嬴稷
看把姬延这小子急的。不过，说句老实话，周朝的历史贡献还是挺大的！

姬延
@嬴稷 开窍了？

嬴稷
周朝贡献了周礼，中国人几千年来的行为习惯、道德标准都能在周朝找到源头。

姬延

你要这么说,我还能欣慰一点。

鞅

据我所知,秦朝的寿命虽然只有短短十四年,但始皇帝颁布的帝制却绵延了两千多年。

嬴政

不用强调十四年,我怕我忍不住手撕逆子。😅

鞅

听说始皇帝统一了各项制度。半两钱所用的方孔圆形,成为日后其他朝代铸钱的样本;郡县制也在一直延续,什么唐朝的道、州,宋朝的路,元朝的行省,都跟郡县制有一脉相承的关系;此外,秦朝的直道和驰道,也方便了各地的沟通。

嬴政

低调,低调!还有,我统一了文字!

贰　法家大佬商鞅空降帝王群：给众人翻译翻译什么叫"作法自毙"

< 别跟我赌，我姓嬴（7）

鞅
是啊，小篆规范了六国不同的文字，为以后的隶书楷书打下了基础。

嬴渠梁
这个好啊！要不然，各地方言差距那么大，文字不统一，迟早还得分裂。

嬴政
商君夸得朕都不好意思了！

姬延
你们家就是说一套做一套！

嬴驷
你什么意思？

姬延
意思就是……当年你当太子的时候触犯禁令，为何没被法办？

别跟我赌，我姓嬴（7）

嬴驷
……

姬延
当时变法正在紧要关头，很多人就看着到底王子犯法是不是与庶民同罪，要是不惩罚你，法令怎能让人信服？

嬴驷
我是秦国太子，谁敢动我！

鞅
所以只好拿你师父开刀！

嬴驷
……

鞅
首傅公子虔、右傅公孙贾，一个被割去了鼻子，一个脸上刺了字。

姬延
老替罪羊了！

贰　法家大佬商鞅空降帝王群：给众人翻译翻译什么叫"作法自毙"

< 别跟我赌，我姓嬴（7）

嬴驷
……

鞅
就这样秦法才得以顺利推行，只是秦法的推行，也让老秦贵族对我的积怨越来越深。

嬴渠梁
卫鞅，辛苦你了！@鞅

鞅

嬴驷
后来我即了位，家家户户都知道了商君之法，你的知名度也算是国民级的了。

鞅
正因如此，你即位后，公子虔等人就乘机污蔑我造反。我只好逃到封地起兵反抗，最后兵败被车裂了。

历史太好玩了！古代帝王群聊. 秦朝篇

●●●○○ 大秦通信 📶　　　　　　　100% 🔋

< 　别跟我赌，我姓嬴（7）　　　…

嬴驷
听说商君逃跑时在一个村庄求宿，老板非要查看"身份证"，说是依商君之法，没有身份证明不能住店。

鞅
没错，害得我连夜逃到了魏国。

嬴驷
然后又被魏国赶了出来……

姬延
传说中的"作法自毙"？

鞅
小丑竟是我自己。匿了！

🔊　变法已经推行了一年，但还是有很多百姓感到

056

贰　法家大佬商鞅空降帝王群：给众人翻译翻译什么叫"作法自毙"

不适应、不方便，刚好这个时候，"熊孩子"秦太子嬴驷触犯了新法，商鞅说："新法推进不顺畅，就是因为上层人也不遵守它。"但是嬴驷是太子，不能对他施刑，于是由嬴驷的老师公子虔和公孙贾代太子受过，公子虔被施以劓（yì）刑，即割鼻；公孙贾被施以黥（qíng）刑，即在脸上刺字并涂墨。这样一来，百姓们确实不敢违背新法了，但受刑后的公子虔等人也在日后成为商鞅凄惨下场的元凶。

令行于民期年，秦民之国都言初令之不便者以千数。于是太子犯法。卫鞅曰："法之不行，自上犯之。"将法太子。太子，君嗣也，不可施刑，刑其傅公子虔，黥其师公孙贾。明日，秦人皆趋令。

——《史记·商君列传》

🔊　作法自毙，意思是说自己立法反而使自己受害。泛指自作自受。出自《史记·商君列传》。商鞅被告谋反后出逃，逃难途中曾因不能验明身份而无法入宿。后来他逃到魏国，但自从秦国实行变法后，魏国一直饱受秦国的骚扰，便拒绝了商鞅的避难申请，商鞅被迫返回封地，他越想越生气，干脆举兵抗衡秦军，可又打不过秦军，最终被车裂灭族。

秦孝公卒，太子立。公子虔之徒告商君欲反，发吏捕商君。商君亡至关下，欲舍客舍。客人不知其是商君也，曰："商君之法，舍人无验者坐之。"商君喟然叹曰："嗟乎，为法之敝一至此哉！"去之魏。魏人怨其欺公子卬而破魏师，弗受。

——《史记·商君列传》

秦昭襄王嬴稷：

"秦王那么多，为什么课本里的反派总是我？"

历史太好玩了！古代帝王群聊. 秦朝篇

别跟我赌，我姓嬴（7）

姬延

姬延
看看开车的是谁？

姬延
@所有人

嬴政
这不是胡亥那小子吗？看来他在外面玩得挺开心的？

姬延
是不是生气了？生气就把他抓进群里打一顿！@嬴政

嬴政
生气？怎么可能！年轻人爱玩很正常嘛！像我！

叁 秦昭襄王嬴稷:"秦王那么多,为什么课本里的反派总是我?"

历史太好玩了！古代帝王群聊. 秦朝篇

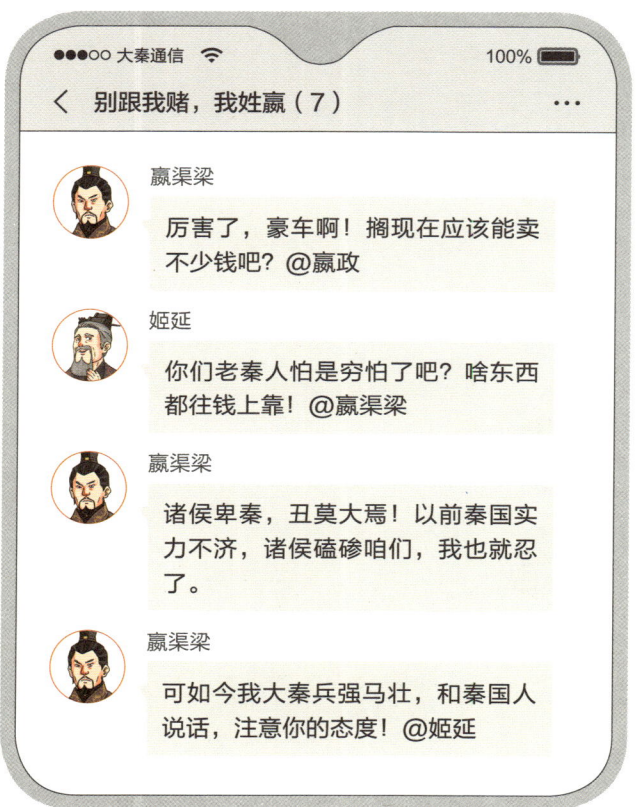

🔊　秦陵铜车马出土于1978年6月，出土地点为秦始皇帝陵封土西侧约20米处。现存两辆。秦陵铜车

叁　秦昭襄王嬴稷："秦王那么多，为什么课本里的反派总是我？"

马再现了秦皇御车，是秦代青铜铸造技术的巅峰之作，被誉为"青铜之冠"。

🔊　"诸侯卑秦，丑莫大焉"出自《史记·秦本纪》，大意是"诸侯看不起我们秦国人，这实在是太没面子了"。

嬴稷
更何况我一个人就承包了小半本《成语故事》。

 嬴驷
厉害了,不愧是我和八子教出来的好儿子! @嬴稷

 姬延
涉及你儿子的成语,大部分都是不好的!

 嬴驷
……那当我没说。

 嬴稷
@姬延 找打?

 姬延
听说中小学生一看到你头就大,因为要背诵的战国时期文言文一半都是你的事。

叁 秦昭襄王嬴稷："秦王那么多，为什么课本里的反派总是我？"

●●●○○ 大秦通信 🛜　　　　　100% 🔋

< 别跟我赌，我姓嬴（7）　　　···

嬴稷
……

姬延
什么鹬蚌相争、渔人得利、价值连城、完璧归赵、纸上谈兵、鸡鸣狗盗……反正坏人都是你！

嬴稷
……

嬴荡
划重点，中小学课本里战国时期的御用反派秦王，大部分指的都是我弟弟秦昭襄王嬴稷！

嬴稷
……

嬴荡
除了荆轲刺秦。@嬴政

嬴政
咳，不说话也中枪！

历史太好玩了！古代帝王群聊. 秦朝篇

< 别跟我赌，我姓嬴（7） ...

嬴政
对了，刚才说到秦陵铜车马能卖多少钱？

嬴渠梁
没错，快说！

嬴政
其实它真正的价值在于反映了我大秦工艺制作的高超水平，无法用金钱来衡量——更何况这东西也没人敢卖！

嬴稷
说得好！👏

姬延
要说工艺高超，还得看我们华夏的至尊神器——九鼎。那是王权至高无上、国家统一昌盛的象征。

嬴荡
行啊，你这么爱说鼎，我也不避讳了！

066

叁　秦昭襄王嬴稷："秦王那么多，为什么课本里的反派总是我？"

别跟我赌，我姓嬴（7）

嬴荡

以后你们还是称呼我为"举鼎大力士秦武王"吧！

姬延

人家楚庄王见到周之九鼎，也就问问轻重，你可倒好，直接上手就举。@嬴荡

嬴荡

我那叫探索精神，你懂什么？

嬴荡

再说了，在座的各位除了我，有谁体验过鼎的重量？

嬴稷

这个就大可不必了吧！

姬延

在作死的边缘徘徊，我周天子确实不懂！我只知道九鼎是被夏、商、周三代奉为政权象征的传国之宝。

别跟我赌,我姓嬴(7)

嬴驷
这个我同意!九鼎代表着天下,分量是很重的。天子一言九鼎也就是这么来的!

嬴政
别说体验九鼎的重量了,我连见都没见过。

嬴稷
这得怪我,灭周的时候从洛邑迁九鼎入秦,运输的过程中,九鼎沉入泗水!

嬴政
后来我南巡之时,想起了这事,派了几千人在泗水中打捞。

嬴稷
捞上来没有?

嬴政
没有……

叁　秦昭襄王嬴稷："秦王那么多，为什么课本里的反派总是我？"

< 别跟我赌，我姓嬴（7）

嬴稷
……

姬延
难怪你们秦朝只传了两世，活该！

嬴政
你是真欠揍？@姬延

姬延
没了象征权力的九鼎，你拿什么彰显王权？

嬴政
我有的是办法！

嬴渠梁
快说来听听！@嬴政

嬴政
我做了一枚传国玉玺，让丞相李斯刻上"受命于天，既寿永昌"八个篆字，代替九鼎，成为世代相传的国之重器。

历史太好玩了！古代帝王群聊.秦朝篇

< 别跟我赌，我姓嬴（7）

 姬延
代替？代替得了吗？

 姬延
你要知道后面很多朝代的君王，像武则天、宋徽宗等人依然费尽心思想重铸九鼎，可铸出来的都不如大禹九鼎。

 嬴政
我的地盘我做主，我只认玉玺。

 姬延
我就纳闷了，你家那么小的玉玺掉河里都能被捞回来，我家大鼎你们怎么就捞不着？

 嬴政
这就是天意！

 嬴驷
玉玺还掉河里过？

070

叁 秦昭襄王嬴稷:"秦王那么多,为什么课本里的反派总是我?"

别跟我赌,我姓嬴(7)

嬴政
不是掉,是我扔的!

嬴驷
什么情况?

嬴政
有一次我东巡,乘龙舟过洞庭湖,风浪骤起,我慌忙将传国玉玺抛入湖中,祈求镇浪。

嬴驷
这还能捞回来?

嬴政
巧了不是!八年后有人又将此玺奉还,重新交回到了我手里。

嬴驷
绝了!真够绝的!

🔊 据说,周鼎遗失后,秦始皇曾派人在泗水打捞。《史记·秦始皇本纪》中记载:"始皇还,过彭城,斋戒祷祠,欲出周鼎泗水。使千人没水求之,弗得。"

🔊 秦始皇不甘心失去了象征天下的九鼎,于是"DIY"了一枚传国玉玺,传说此玺由和氏璧改制而成(一说由蓝田玉制成),由秦相李斯奉始皇之命撰写铭文"受命于天,既寿永昌"。

🔊 其实不光现代人喜欢"复古风",古代人也一样。九鼎丢了,后世就有一些"爱好者"试图重铸九鼎。比如女皇武则天,她登基后就曾铸过九鼎,《资治通鉴》记载:"铸九鼎成,徙置通天宫……共用铜五十六万七百余斤。"还有宋徽宗赵佶,据《宋史》记载:"崇宁四年三月,铸九鼎,用金甚厚,取九州水土内鼎中。"

叁　秦昭襄王嬴稷："秦王那么多，为什么课本里的反派总是我？"

据野史记载，秦始皇二十八年，嬴政巡游洞庭湖时，遇到风雨大作，龙船颠簸不宁，秦始皇便将传国玉玺抛入湖中，祈求镇浪。后来又有人将传国玺归还于秦。

别跟我赌,我姓嬴(7)

嬴稷
后来赵国派了一个职业"杠精"蔺相如,这个蔺相如让我斋戒沐浴了好几天,最后又把和氏璧完好无损地带回去了。

嬴渠梁

嬴荡
还有渑池之会,你让人家赵王弹琴,想给他一个下马威,谁知又是这个蔺相如,非要让你击缶。这下好了,你跟赵王当场就组了个乐队,吹拉弹唱,就差出道了。

嬴稷
……

叁 秦昭襄王嬴稷:"秦王那么多,为什么课本里的反派总是我?"

🔊　渑(miǎn)池之会是发生在秦国和赵国之间的一个事件,秦赵两国的国君在渑池相会,一边吃饭一边谈论国家大事。酒酣耳热之际,秦王嬴稷要求赵王为他弹奏"瑟",赵王迫于嬴稷的压力开始了自己的演奏。而嬴稷羞辱赵王,将这件事记载在了己方的史籍里。赵王身边的大臣蔺相如看到了这件事,觉得有失国格,于是反过来要求嬴稷为赵王击"缶",嬴稷当然不会答应,于是蔺相如以暴力手段相威胁,嬴稷立刻怂了。赵国人以其人之道还治其人之身,将秦王演奏的事情记载到了史籍之中,算是报了嬴稷折辱赵王之仇。

别跟我赌,我姓嬴(7)

嬴驷

对了,政儿,你刚才说你出巡洞庭湖,洞庭湖所在的楚地离咸阳那么远,你是怎么过去的?

嬴政

我统一六国后的第二年就开始修筑驰道,以供"示疆威,服海内"的巡狩之用。

嬴政

不仅如此,我在位期间先后几次巡视全国。我封禅泰山,南下云梦,后世还因为我在河北海边打过卡,就给那地儿起了个名。

嬴驷

啥呀?

嬴政

秦皇岛。

叁　秦昭襄王嬴稷："秦王那么多，为什么课本里的反派总是我？"

🔊　驰道可以理解为古代版的高速公路或国道，是秦始皇"书同文、车同轨"政策的一部分，秦朝统一各国原有车轨，并修建了通达天下的道路，可以更好地控制地方。秦始皇也是坐在车上，沿着驰道周游天下的。

🔊　秦皇岛位于河北省，据说秦始皇曾东巡到此，并派人到海上求仙，寻找长生之法。

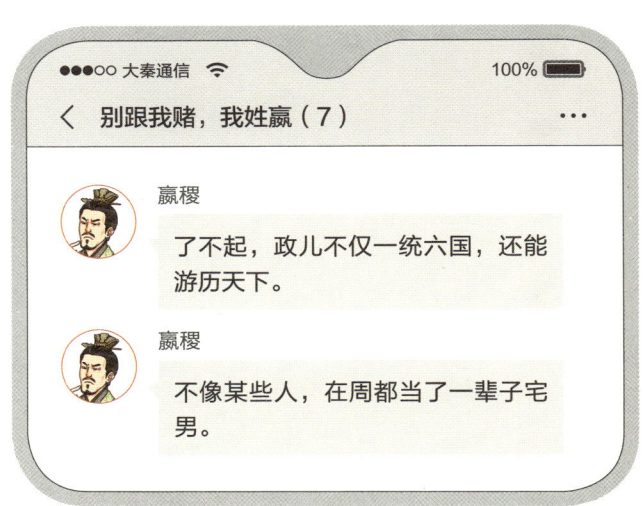

历史太好玩了！古代帝王群聊. 秦朝篇

别跟我赌，我姓嬴（7）

姬延
宅男怎么了？有爱好，有酒喝，睡觉之前听着歌。妙啊！

嬴政
还是多出门走走吧，世界那么大，你得去看看。@姬延

姬延
看什么？要看世界的参差，直接看你家胡亥就可以了。

嬴政
……

姬延
再说，出门一趟把自己折腾死了怎么办？不去！

嬴稷
我政儿不是修了秦直道和驰道吗？出行方便得很，关键还不收高速费！

叁　秦昭襄王嬴稷："秦王那么多，为什么课本里的反派总是我？"

别跟我赌，我姓嬴（7）

嬴政

说到秦直道，那可是古代第一条高速公路，能直接从关中支援长城边塞。

嬴政

比德国第一条高速公路早修建了两千多年。

嬴渠梁

要想富，先修路。

嬴渠梁

"路通则人通"的道理我们老一辈怎么没想到呢！

嬴政

让你们想到了，我还做什么？

嬴渠梁

……

079

历史太好玩了！古代帝王群聊 . 秦朝篇

< 别跟我赌，我姓嬴（7）   ...

 嬴政
当然还有以咸阳为中心，通往全国各地的秦驰道，大大提升了出行的便利程度。

 嬴驷
什么条条大路通罗马，明明是条条驰道通咸阳。政儿牛！

 嬴稷

 嬴荡

 嬴渠梁

 姬延
什么条条驰道通咸阳，嬴政整天喜欢瞎跑，最终死在了河北巡游的路上。

 嬴政
我去！这你也知道？@姬延

080

叁　秦昭襄王嬴稷："秦王那么多，为什么课本里的反派总是我？"

🔊　一般认为，德国是世界上最早建设高速公路的国家，1928年至1932年间建成的从科隆至波恩的高

速公路是世界上首条高速公路。

🔊　秦始皇如果知道自己死后被胡亥、赵高、李斯等人秘不发丧，估计也不会很生气，毕竟历史上帝王死于征途秘不发丧的事情有很多。但是秦始皇的尸体在夏天和咸鱼共处一室，一起散发味道，这就让人感觉很不适了。

　　七月丙寅，始皇崩于沙丘平台。丞相斯为上崩在外，恐诸公子及天下有变，乃秘之，不发丧……会暑，上辒车臭，乃诏从官令车载一石鲍鱼，以乱其臭。

——《史记·秦始皇本纪》

用商业的眼光经营政治:
一场投资缔造的完美逆袭

历史太好玩了！古代帝王群聊．秦朝篇

别跟我赌，我姓嬴（7）

嬴政
自从我把姬延禁言后，我看他的微信步数都变多了。

嬴稷
能不多嘛，不能在群里说话，只能气得在家跑台阶！

嬴驷
咱们处于思想和文化最辉煌灿烂的时代，提倡的是百家争鸣，言论自由，所以政儿你不应该禁言姬延。

嬴政
敢跟我作对的，下场都好不到哪去。我把姬延这老小子禁言，已经算轻的了。

嬴渠梁
一家之言，只会孤芳自赏。咱们还是要以德服人，以和为贵。

嬴政
我一统六国，确实是以扫六合为贵。

084

肆 用商业的眼光经营政治：一场投资缔造的完美逆袭

嬴渠梁
……

嬴政
要知道六国合并，统一的不单单是土地和人口，还有思想和人心。

嬴驷
这个我同意，政儿推行郡县制而不是分封制的确高明，那些实行分封的王朝，哪一个没有付出过惨重代价？

嬴政
所以为了统一思想，我就下令禁了一批书。

嬴政
可纵观历史，这么做的也不止我一个帝王吧，怎么偏偏就我背这么大的锅？

嬴渠梁
这就是得罪文官集团的后果！

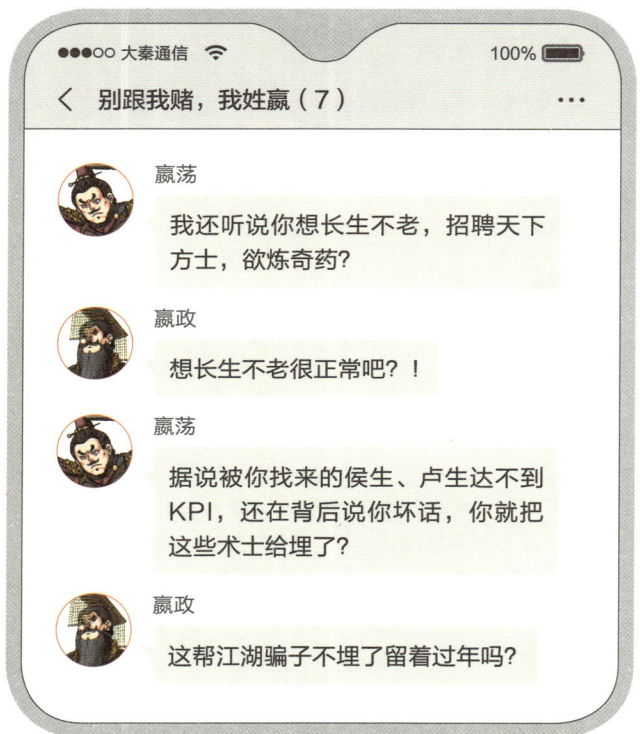

🔊 横扫六合中的"六合"常被误解为六国,其实这是不对的。这里的"六合"不是指六个诸侯国,而是指六个方向,即东、西、南、北、上、下。"扫六合"就是指荡平天下。公元前230年至公元前

肆 用商业的眼光经营政治：一场投资缔造的完美逆袭

221年，秦始皇兼并六国，建立起中国历史上第一个统一的中央集权制帝国。

焚书坑儒是秦始皇在位期间发动的一场文化浩劫。《史记·儒林列传》中说："及至秦之季世，焚诗书，坑术士，六艺从此缺焉。"西汉刘向所编《战国策》中说："任刑罚以为治，信小术以为道。遂燔烧诗书，坑杀儒士。"

对这一事件，史学界颇多争议，有人说秦始皇是为了用法家思想统一言论，有人说这是秦始皇为了完成思想大一统而采用的必要手段，也有人认为秦始皇焚书，却仍在秦朝朝廷收藏了很多图籍，坑儒也主要指向方士这一群体。至于说什么是方士，可以理解为大街上摆摊算命的祖师爷，他们以命理之说忽悠君王，讲究炼丹、修仙，在历史上曾掀起很多波澜。

（侯生、卢生）于是乃亡去。始皇闻亡，乃大怒曰："吾前收天下书，不中用者尽去之。悉召文学方术士甚众，欲以兴太平，方士欲练以求奇药。

今闻韩众去不报，徐市等费以巨万计，终不得药，徒奸利相告日闻。卢生等吾尊赐之甚厚，今乃诽谤我，以重吾不德也。诸生在咸阳者，吾使人廉问，或为訞言以乱黔首。"于是使御史悉案问诸生，诸生传相告引，乃自除犯禁者四百六十馀人，皆阬之咸阳，使天下知之，以惩后。

——《史记·秦始皇本纪》

*这段史料中的"徐市（fú）"就是徐福。

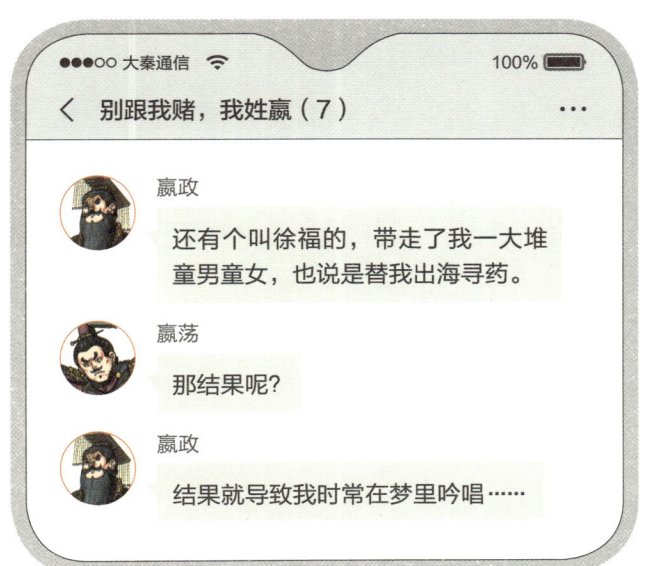

肆　用商业的眼光经营政治：一场投资缔造的完美逆袭

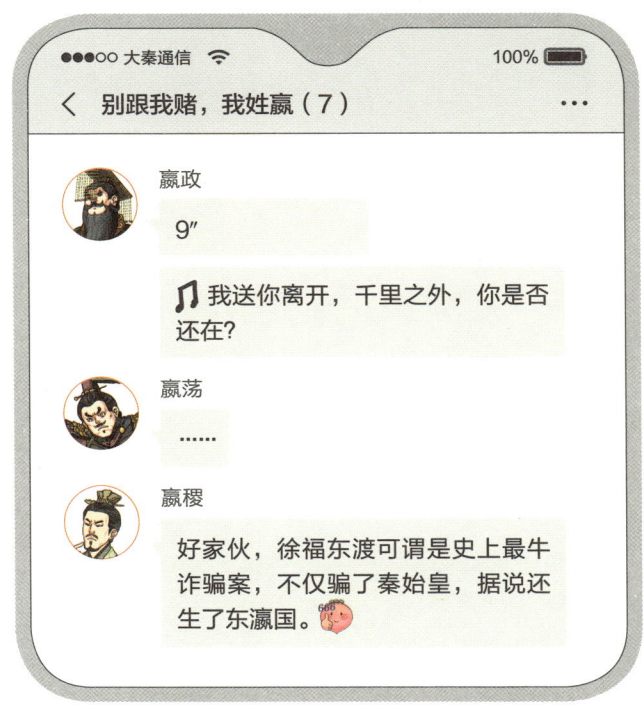

敲黑板

🔊　徐福东渡：徐福，也写作徐市，如果传闻是真的，那他可以说是"古今第一诈骗头子"了——他竟然能忽悠到秦始皇的一大笔投资。没有人知道徐福东渡究竟去了哪里，有人认为他出海之后翻船了，也有很多人推测徐福最终的目的地可能是现在的日本。日本至今保存着不少有关徐福的遗迹，如七人墓、徐福宫、徐福上陆地纪念碑、徐福石塚、徐福祠等。

齐人徐市等上书，言海中有三神山，名曰蓬莱、方丈、瀛洲，仙人居之。请得斋戒，与童男女求之。于是遣徐市发童男女数千人，入海求仙人。

——《史记·秦始皇本纪》

肆　用商业的眼光经营政治：一场投资缔造的完美逆袭

嬴政
行吧，听各位长辈的，我给姬延提前解封了。

姬延
啊，能发言的姬延真是妙不可言啊！

嬴荡
那被禁言的姬延有没有急眼呢？

姬延
你少玩名字梗！自己叫什么心里没点数？

嬴荡
……

嬴驷
姬延你是对我秦国人取名字有什么意见吗？

历史太好玩了！古代帝王群聊. 秦朝篇

别跟我赌，我姓嬴（7）

 姬延

 嬴驷

我儿嬴荡怎么了？他的荡，是荡平塞表之意，是希望他能完成我荡平四海的夙愿。

 姬延

是想效仿周武王荡平殷商吧？只可惜我周王室永远被模仿，从未被超越。

 嬴驷

……

 嬴稷

要说名字奇葩的话，你们周王室还有叫姬旦的呢。

 姬延

姬旦是西周的开国元勋，商末周初的儒学奠基人。人家爸爸是周文王姬昌，哥哥是周武王姬发。

092

肆 用商业的眼光经营政治：一场投资缔造的完美逆袭

🔊 分享一些真实存在的历史人名,用现代人的眼光来看真是"有毒"呢!

郝萌:东汉末年吕布帐下名将。好萌啊!

姬友:郑桓公,周朝郑国第一位君主。

秃发树机能:晋朝时期秃发鲜卑族首领。可汗的发际线还好吗?

姬光:吴王阖闾,春秋末期吴国君主。激光,好高科技的样子。

姬泄:姬泄父,"泄父"是尊称,又称太子泄父。机械战士,像样!

姬毛:春秋晋国大夫,晋文公的舅舅。

🔊 西周的奠基者是周文王姬昌,开创者是周武王姬发。姬发灭商建国,定都镐京,即今天的陕西西安。西周在周成王姬诵、周康王姬钊统治期间达到极盛,史称"成康之治"。

肆 用商业的眼光经营政治：一场投资缔造的完美逆袭

周公姬旦是周文王姬昌的第四子，周武王姬发的弟弟，他是西周的开国元勋，同时也是著名的政治家、思想家，被奉为儒家"元圣"。姬旦主张明德慎罚，以礼治国，古人总结其功绩时说他"一年救乱，二年克殷，三年践奄，四年建侯卫，五年营成周，六年制礼乐，七年致政成王。"

历史太好玩了！古代帝王群聊. 秦朝篇

●●●○○ 大秦通信 🛜　　　　　100%🔋

< 　别跟我赌，我姓嬴（8）　　　···

"嬴政"邀请"嬴子楚"加入群聊

嬴子楚
听说有人在问候我，是谁啊？

姬延
是我，老群主姬延。

嬴子楚
就是这个群里微信步数最多的那个人？

姬延
……

嬴驷
自己建的高台，哭着也要跑完！

姬延
我这叫"阶梯有氧"，跑完就可以出去当教练了！

嬴驷
……

肆 用商业的眼光经营政治:一场投资缔造的完美逆袭

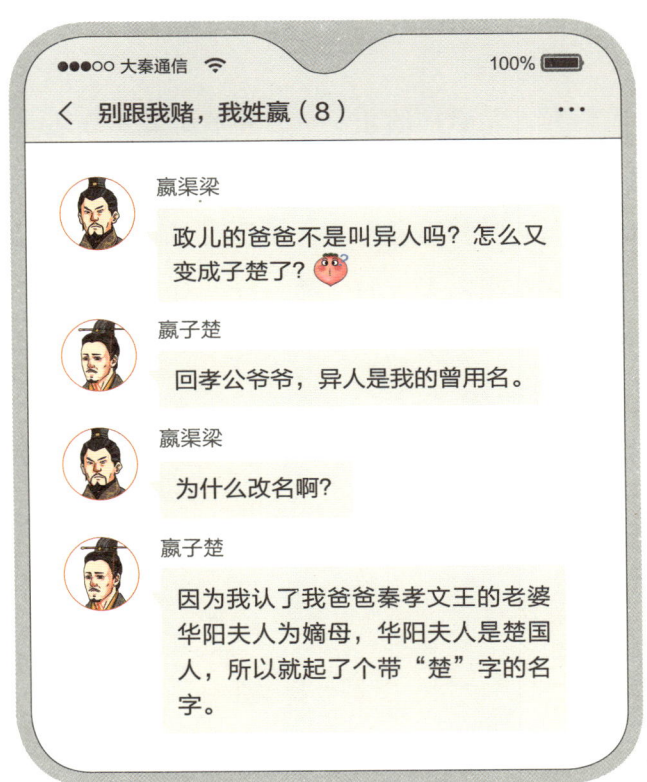

说起秦朝历史上有名的女性政治家,除了宣太后芈八子,也就华阳夫人了。华阳夫人是楚国贵族,嫁给了嬴稷之子嬴柱(即后来的秦孝文王),

深得嬴柱的宠爱。

嬴异人是嬴柱的儿子，但并不受父亲待见，年纪轻轻就被送到赵国当质子，在赵国也是处境艰难。但吕不韦却很看好他，在吕不韦的指点下，嬴异人引起了华阳夫人的注意，被华阳夫人收为"适嗣"。嬴异人登基后，尊华阳夫人为华阳太后，尊自己的生母为夏太后。

安国君有子二十余人。安国君有所甚爱姬，立以为正夫人，号曰华阳夫人。华阳夫人无子。安国君中男名子楚，子楚母曰夏姬，毋爱。子楚为秦质子于赵。秦数攻赵，赵不甚礼子楚。

——《史记·吕不韦列传》

异人至，不韦使楚服而见。王后（指华阳夫人）悦其状，高其知，曰："吾楚人也。"而自子之，乃变其名曰楚。

——《战国策·秦策》

肆 用商业的眼光经营政治：一场投资缔造的完美逆袭

嬴稷
我妈宣太后也是楚国人，楚国厉害了。

嬴稷
景监三荐商鞅，楚相赶走张仪，李斯担任秦相，楚国简直就是秦国的猎头公司啊。

嬴荡
呵呵，要说战国时期的人才孵化器，还得是我妈惠文后的母国魏国。魏国才是真的为秦国贡献了不少人才，商鞅、张仪、范雎、尉缭子……哎呀，魏国可以写一本《那些出走秦国的男人们》了。

嬴政
什么楚国魏国，在我这里都是垃圾！要知道，现在只有一个大秦帝国。

嬴子楚
政儿，在长辈们面前不得狂妄。

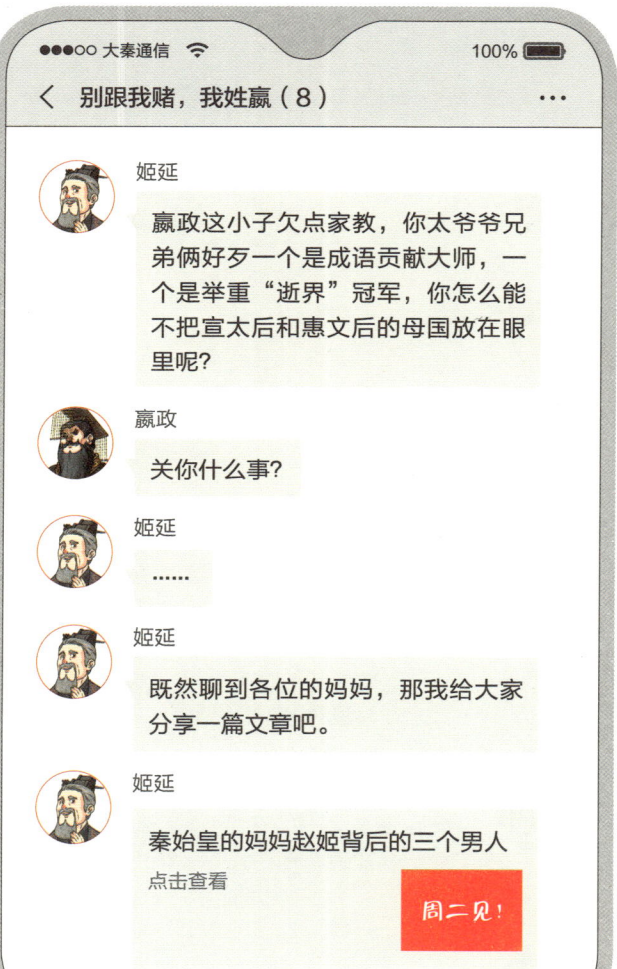

肆 用商业的眼光经营政治：一场投资缔造的完美逆袭

别跟我赌,我姓嬴(8)

嬴驷
既然大家都看了,我不看是不是显得我有点不合群?

嬴渠梁
看字太费劲了,你们看完给我总结一下吧。

嬴子楚
……

嬴政
……

姬延
文章里说吕不韦想当异人的经纪人,给他送房送车送赵姬,不过有传闻说那时的赵姬肚子里已经怀了吕不韦的孩子。

嬴子楚
胡说八道!

肆　用商业的眼光经营政治：一场投资缔造的完美逆袭

嬴子楚
当年我在赵国当质子，和赵姬在一起一年后，生了政儿。

嬴子楚
要是吕不韦真做了手脚，政儿还能生得这么慢？

嬴政
所以我是爸爸你亲生的，对吗？

嬴子楚
自信一点，把"吗"字去掉！

嬴政

嬴渠梁
不是三个人吗？还有一个是谁？

姬延
赵姬的男宠嫪毐。

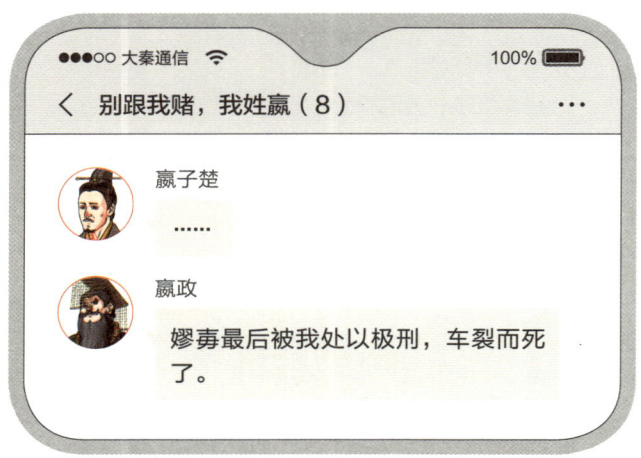

🔊 作为战国时期的商人，吕不韦虽有巨额财富却政治地位低下，说白了，就是虽然有钱，但还是到处受气。他眼光独到，在嬴政的父亲嬴异人身上进行投资，促使嬴异人最终成为秦庄襄王，吕不韦自己也因此一步登天。

子楚，秦诸庶孽孙，质于诸侯，车乘进用不饶，居处困，不得意。吕不韦贾邯郸，见而怜之，

肆 用商业的眼光经营政治:一场投资缔造的完美逆袭

曰:"此奇货可居。"

——《史记·吕不韦列传》

嫪(lào)毐(ǎi)是赵姬的男宠,此人受吕不韦之托,假扮成宦官进宫,和赵姬私通,还被封为长信侯,和赵姬私生两子。嫪毐仗着太后的宠爱,人就越来越飘了,有一次他喝多了,威胁大臣说:"我是秦王嬴政的假父,你怕不怕?"吓得大臣赶紧跟嬴政举报了他,于是引发了后来的嫪毐之乱、茅焦进谏、吕不韦失宠等一系列事件。

始皇九年,有告嫪毐实非宦者,常与太后私乱,生子二人,皆匿之。与太后谋曰"王即薨,以子为后"。

——《史记·吕不韦列传》

历史太好玩了！古代帝王群聊．秦朝篇

别跟我赌，我姓嬴（8）

嬴荡
原来咱大秦的太后都不怎么老实啊！

嬴驷
荡儿，你这话什么意思？

嬴荡
我只是听说宣太后芈八子，以母后之尊，曾与义渠王私通。

嬴驷

嬴稷
@嬴荡 你懂什么！我妈最后设计将义渠王杀害，一举消灭了秦国的西部大患义渠，使秦国可以一心东向，再无后顾之忧。

嬴子楚
有太爷爷做伴，我心里平衡多了！

106

肆 用商业的眼光经营政治：一场投资缔造的完美逆袭

嬴驷
！！！

嬴政
都跟我学，对后宫妃嫔心大一点。

嬴驷
大到连皇后都不立？

嬴政
……

嬴驷
人家历代帝王驾崩后，多是夫妻合葬，你可倒好，偌大的秦始皇陵，就躺着一个你和一堆手办。

嬴政
手办？

嬴驷
就是兵马俑！

欲戴王冠,必承其重:
大秦顶流始皇帝的黑料八卦

历史太好玩了！古代帝王群聊.秦朝篇

伍　欲戴王冠，必承其重：大秦顶流始皇帝的黑料八卦

大秦通信　　　100%

< 别跟我赌，我姓嬴（8）　…

嬴政
玩不起？你让他到我的皇陵里试试，必定教他有进无回。

姬延
……

嬴驷
早就听闻政儿的皇陵雄伟壮观，里面的兵马俑堪称"世界第八大奇迹"，真想亲眼看看。

嬴政
那可是要收门票的！

嬴驷
……

嬴渠梁
多少钱？不贵的话我请大家去玩玩。

嬴政
旺季150元，淡季120元。

别跟我赌，我姓嬴（8）

嬴渠梁
当我没说！

姬延
养马奴这点钱都出不起了？

嬴渠梁
我未来可是有两个亿要用在我大秦的基建上的。

姬延
呵呵！

嬴稷
听说秦始皇陵的总面积相当于78个故宫那么大？

姬延
啥？你这是建地下咸阳城呢？死了都还想这么奢侈！

嬴政
那是丞相李斯设计的，当时征用了几十万人力。

伍　欲戴王冠，必承其重：大秦顶流始皇帝的黑料八卦

〈 别跟我赌，我姓嬴（8）

姬延

我去，搁现在谁承包了这个工程得赚不少钱吧！

嬴子楚

这么一比，太爷爷惠文王的公陵，爷爷的昭襄王陵，还有我的庄襄王陵，都够寒碜的……

嬴驷

……

嬴稷

……

嬴荡

@嬴政 听说你皇陵的地宫里有仿制的日月星辰，水银汇成的江河湖海，还有千年不灭的长明灯，不知道真的假的？

姬延

别的不好说，弄得半个咸阳都汞含量超标倒是真的！

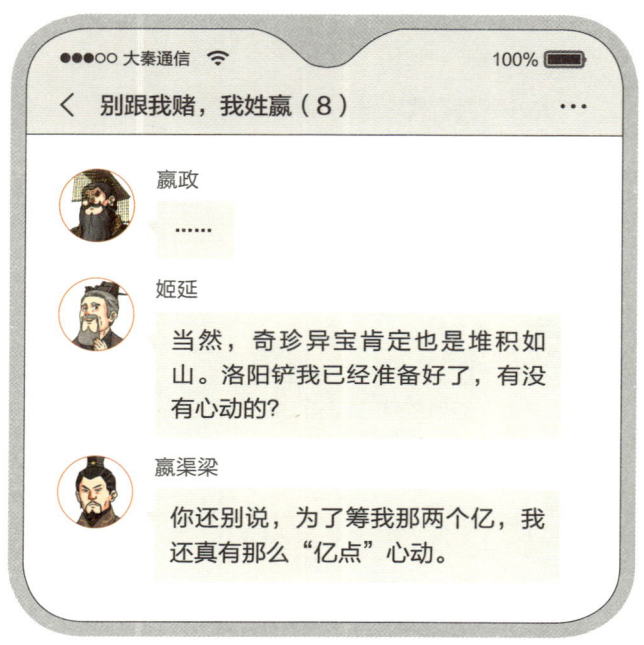

🔊 目前国际公认的"世界七大奇迹"按建造时间从先到后依次为:埃及胡夫金字塔、巴比伦空中花园、阿尔忒弥斯神庙、奥林匹亚宙斯神像、摩索拉斯陵墓、罗德岛太阳神巨像和亚历山大灯塔。

🔊 故宫占地面积72万平方米,秦始皇陵占地面积

伍 欲戴王冠，必承其重：大秦顶流始皇帝的黑料八卦

5625万平方米，约等于78个故宫。

提起故宫，每个中国人都会骄傲地说："那是中国最大的宫殿！"其实故宫只是现存最大，汉代的未央宫、唐代的大明宫面积都比故宫大，只可惜因为种种原因没有留存至今。

🔊 秦始皇不仅是"手办狂魔"，还非常喜欢装扮自己的"小屋"，不管是生前的秦宫，还是死后的秦陵，都华丽无比。据《史记》记载，秦始皇陵"以水银为百川江河大海，机相灌输，上具天文，下具地理。以人鱼膏为烛，度不灭者久之"。

🔊 古代帝王对水银情有独钟，水银作为重金属有杀菌防腐的功能，经常被古代炼丹家放进丹药之中喂给皇帝吃，也经常被涂抹在棺椁之中防止尸身腐坏。考古学家对秦始皇陵附近的土壤树木进行了勘测，发现了严重超标的汞，这无疑更坐实了秦始皇陵使用大量水银的事实。

别跟我赌，我姓嬴（8）

嬴驷
爸爸，这样得来的两个亿，您敢花吗？

嬴渠梁
玩笑而已，那肯定是一分钱也不敢花啊！

嬴政
再说，我那陵墓中可是机关重重，进去的不是被水银毒死，就是被暗弩射成筛子。

嬴渠梁
那倒不怕，我可以让卫鞅挡！

鞅
？？？

嬴渠梁
反正他的个人签名已经改成了：我裂开了……

伍　欲戴王冠，必承其重：大秦顶流始皇帝的黑料八卦

别跟我赌,我姓嬴(8)

姬延
说到这个摸金校尉就不得不骂一个人了!

嬴政
谁啊?

姬延
曹操啊!这职位不就是他以筹备军饷之名设立的吗!这个盗墓贼!

嬴渠梁
那我政儿的秦陵没少被盗吧!

姬延
那可不,项羽攻入关中后,"掘始皇帝冢,私收其财物"。

嬴政
……

嬴驷
新莽末年,赤眉军盗掘秦陵,以取铜材。

伍　欲戴王冠，必承其重：大秦顶流始皇帝的黑料八卦

嬴政
……

嬴荡
魏晋十六国的时候，后赵石虎盗掘秦陵。

嬴政
……

嬴稷
唐末黄巢攻入关中，黄巢再次盗掘秦陵。

嬴政
……

嬴子楚
还有五代十国的军阀温韬，把你的秦陵当成了ATM机。

姬延
哈哈哈，猛男是不是要落泪了？@嬴政

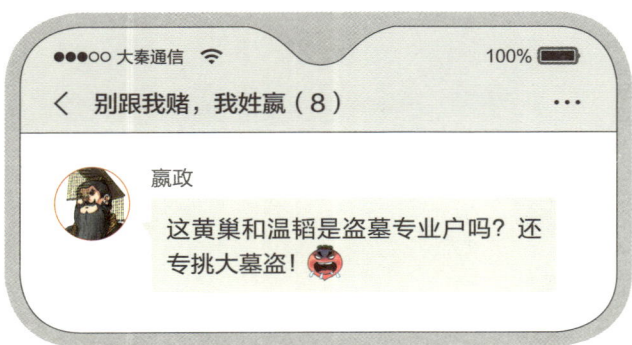

敲黑板

🔊 唐末五代时期，农民起义领袖和地方军阀为了聚揽钱财，无所不用其极，包括对历代帝王陵寝进行毁灭式发掘。比如黄巢大军就"光顾"过关中许多有名的大墓，如秦陵、茂陵（汉武帝的陵墓）等。军阀温韬更是变本加厉，几乎将唐朝帝陵刨了个遍，在《旧五代史》与《资治通鉴》都留下相关记载："唐诸陵在境者悉发之，取所藏金宝。""华原贼帅温韬聚众嵯峨山，暴掠雍州诸县，唐帝诸陵发之殆遍。"

伍 欲戴王冠，必承其重：大秦顶流始皇帝的黑料八卦

别跟我赌，我姓嬴（8）

嬴子楚

这么一比，我们死后算安生的了！我心里又平衡多了。

嬴政

爸爸你是做数据分析的吗，这么喜欢比来比去的？

嬴子楚

……

嬴稷

说起来，政儿虽为始皇帝，妃嫔在史料中却没什么存在感——你让后世的宫斗剧中都没我大秦的一席之地了。

嬴政

宫斗？搞事业不香吗！

嬴政

再说我只是没立皇后，不代表我没女人啊。不然扶苏和胡亥他们哪来的！

历史太好玩了！古代帝王群聊. 秦朝篇

别跟我赌，我姓嬴（8）

姬延
就是，孟姜女、寡妇清、阿房女，哪个和他没故事！

嬴政
你又在胡说八道什么？

姬延
你修筑长城，劳民伤财，害死万喜良，霸占人家老婆孟姜女的故事可是流传甚广啊。

嬴政
我呸！睁着眼睛说瞎话！

嬴政
长城在你们春秋战国时期就有了。我只是在统一六国后，把三段长城连接了起来。

嬴政
至于霸占孟姜女，那是后人为了黑我杜撰的。

122

伍　欲戴王冠，必承其重：大秦顶流始皇帝的黑料八卦

🔊　　孟姜女的原型其实并不是秦始皇时代的人，也没有哭倒长城。孟姜女是中国民间传说人物，也是民间四大爱情故事的主角之一，她的原型应该是春秋时期齐国大夫杞梁的妻子，《左传》《礼记》中都有相关记载。西汉刘向在《列女传》中对她的事迹进行了细化："杞梁之妻无子，内外皆无五属之亲。既无所归，乃枕其夫之尸于城下而哭，内诚动人，道路过者莫不为之挥涕。十日而城为之崩。"后来杞梁妻的故事不断地被古人加工、改编，逐渐演变为"孟姜女哭倒长城"。

　　齐庄公袭莒于夺，杞梁死焉，其妻迎其柩于路而哭之哀。

——《礼记·檀弓》

别跟我赌,我姓嬴(8)

姬延
那寡妇清,阿房女呢?

姬延
一个你给人家立了"女怀清台",另一个你给人家建了阿房宫,这可都是有实物为证的。

嬴荡
六王毕,四海一,蜀山兀,阿房出。阿房宫只是我大秦帝国的新朝宫殿而已。

嬴稷
全文你能背吗?@嬴荡

嬴荡
……

嬴驷
谁能想到这篇黑我大秦的《阿房宫赋》在未来给我大秦创造了巨大流量。

伍 欲戴王冠，必承其重：大秦顶流始皇帝的黑料八卦

秦人奋六世之余烈一统海内，奠定了中原王朝的疆域、制度根基，但却骤然土崩瓦解，存在仅仅十余年就彻底灭亡，这一现象引起了古今无数政治家与学问家的深思。

无论是《过秦论》《六国论》，还是《阿房宫赋》，都是在探讨秦朝治乱兴亡的缘由，总结秦朝的经验教训，不过《阿房宫赋》这篇抨击秦朝统治者"不恤民力，奢侈腐败"的文章，却因为其出色的描写技巧，让后世很多人被阿房宫的绚烂壮丽所吸引，可以说杜牧创作《阿房宫赋》本意是为了"怼"秦朝，却因为描写秦宫之美而奠定了大家对秦代宫廷与贵族风情的认知。

历史太好玩了！古代帝王群聊.秦朝篇

< 别跟我赌，我姓嬴（8）

嬴政

人家寡妇清是巴蜀女企业家，凭雄厚财力保卫一方。也是我秦始皇陵里大量水银的主要供应商。

姬延

原来是金主妈妈！

嬴政

滚！清一生贞洁，足以评为"感动大秦十大年度人物"。

姬延

这么说，你和她的瓜没有实锤咯？

嬴政

少看营销号，他们就是靠这些流量八卦生存的。

伍 欲戴王冠，必承其重：大秦顶流始皇帝的黑料八卦

🔊 巴寡妇清就是指川东有个名叫清的寡妇，她是一个曾经得到秦始皇点赞的女人。

巴寡妇清可以说是中国乃至世界上最早的女企业家了，《史记·货殖列传》记载："巴寡妇清，其先得丹穴，而擅其利数世，家亦不訾。清，寡妇也，能守其业，用财自卫，不见侵犯。秦皇帝以为贞妇而客之，为筑女怀清台。"

巴寡妇清的财富密码"丹穴"其实就是炼丹必要的金属物质——水银，凭借着自身的传奇经历，她受到秦始皇的赏识与优待，她死后，秦始皇还为她建筑"女怀清台"，向天下昭示她的品德。

历史太好玩了！古代帝王群聊. 秦朝篇

别跟我赌，我姓嬴（9）

"夏玉房"通过扫描"姬延"分享的二维码加入群聊

姬延
@嬴政 我把人给你拉进来了，看你还怎么抵赖！

夏玉房
啊，你是谁？@嬴政

嬴政
你又是谁啊？

姬延
@夏玉房 他就是给你修建了"天下第一宫"阿房宫的秦始皇嬴政啊。

夏玉房
……

姬延
她是你的一生所爱啊。@嬴政

嬴政
你是不是老糊涂了，阿房女只是个戏说，根本没有这个人！

伍　欲戴王冠，必承其重：大秦顶流始皇帝的黑料八卦

别跟我赌，我姓嬴（9）

姬延
那这个女人是谁？@夏玉房

夏玉房
8″

我叫夏玉房，家住邯郸城，奈何爷爷身体不大好，只好以采茶换药为生！

姬延
别说这些有的没的，我只问你和嬴政的故事是否属实？也不枉我问候你爷爷的身体那么久！

夏玉房
9″

爷爷夸你是老实人，让我给你寄两斤茶提提神，一斤只要一千二，爷爷问你大概要多少。

历史太好玩了！古代帝王群聊.秦朝篇

亚历山大大帝进群:
东西方雄主相遇,谁能更胜一筹?

历史太好玩了！古代帝王群聊．秦朝篇

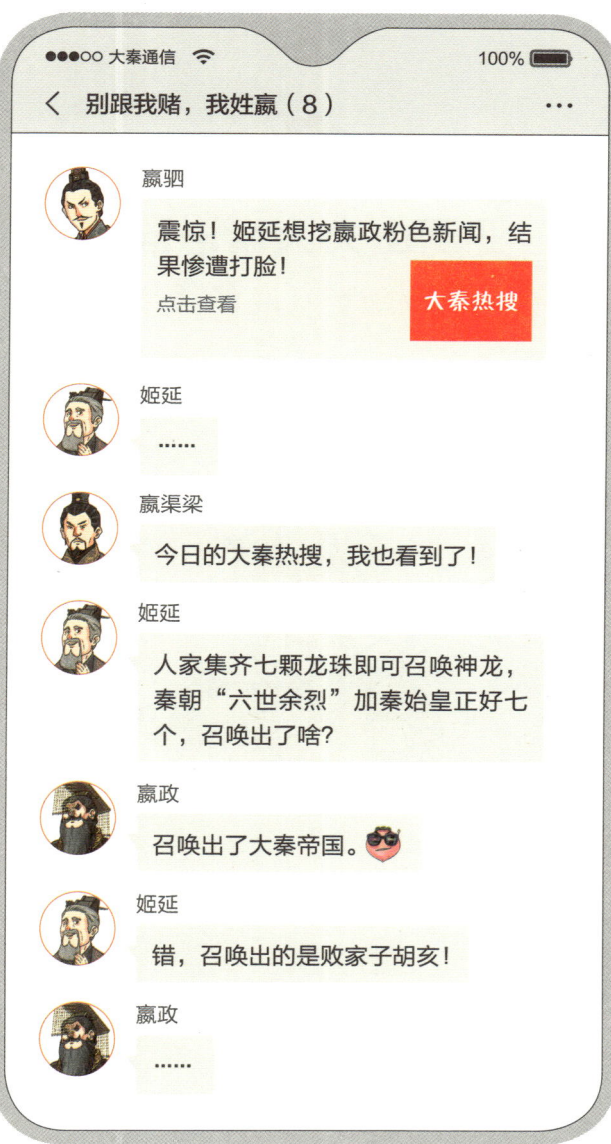

陆 亚历山大大帝进群：东西方雄主相遇，谁能更胜一筹？

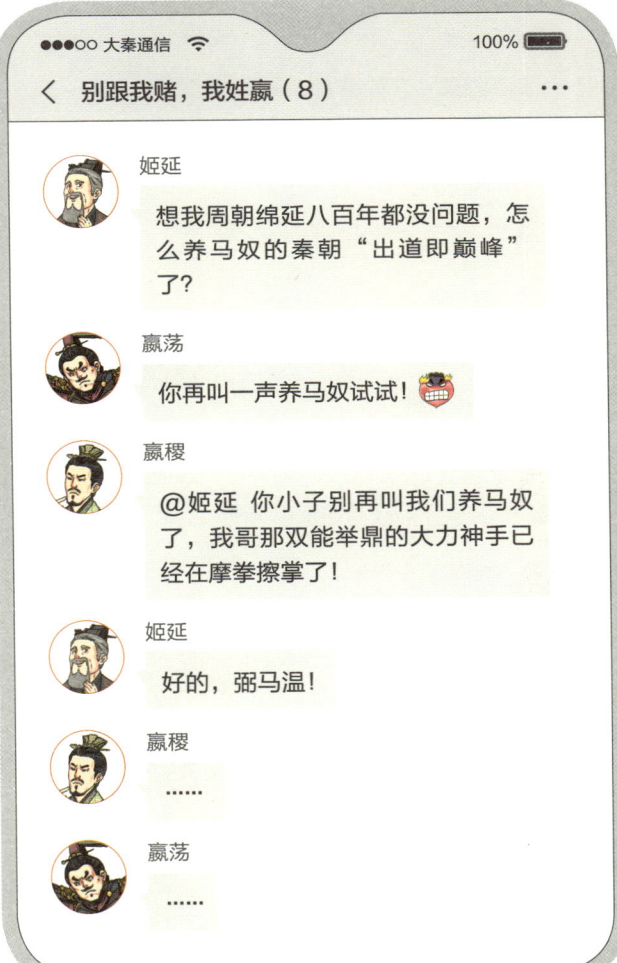

别跟我赌,我姓嬴(9)

"嬴政"邀请"胡亥"加入群聊

胡亥
……

姬延
艾玛,败家子进来了,提前默哀一分钟!

胡亥
要不我还是继续退群吧!

嬴政
事不过三!

胡亥
哎呀,还是我们老嬴家最和谐,不像隔壁的那几家,唾沫星子乱飞!

嬴渠梁
别人家互"怼",是因为一代不如一代。我们家和谐,是一代做得比一代好,"怼"后代实在无从下口。

陆　亚历山大大帝进群：东西方雄主相遇，谁能更胜一筹？

别跟我赌，我姓嬴（9）

嬴渠梁
当然，@胡亥 你进来以后就不一样了！

胡亥
别别别，不能因为我坏了咱们老嬴家的群风啊。

嬴驷
说吧，想怎么死？五匹马已经准备好了！

嬴荡
我要为胡亥再举一次鼎！

胡亥
我就知道，就算不被赵高害死，见了你们也得被喷死！

胡亥

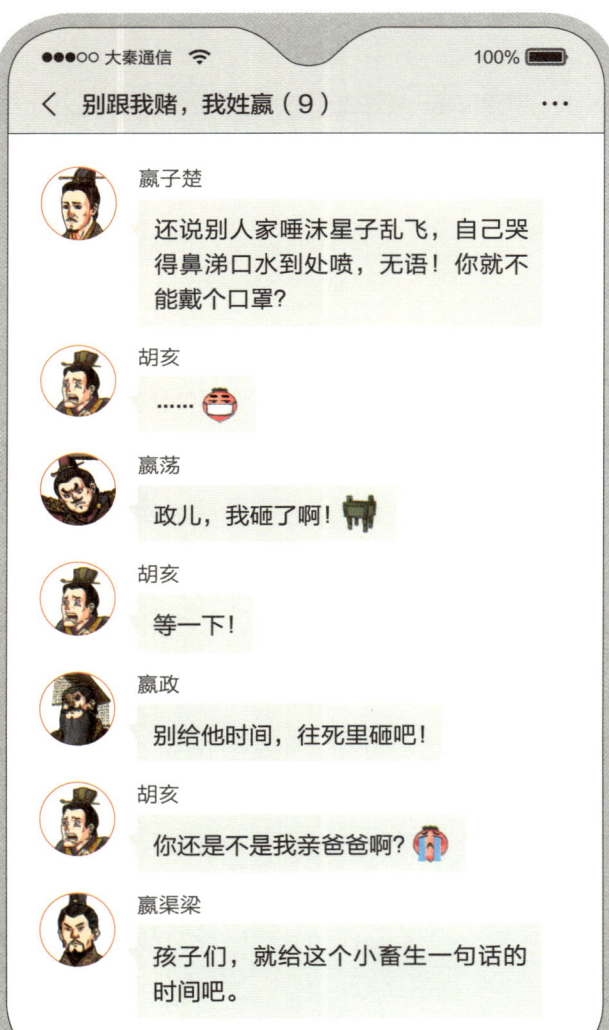

陆 亚历山大大帝进群：东西方雄主相遇，谁能更胜一筹？

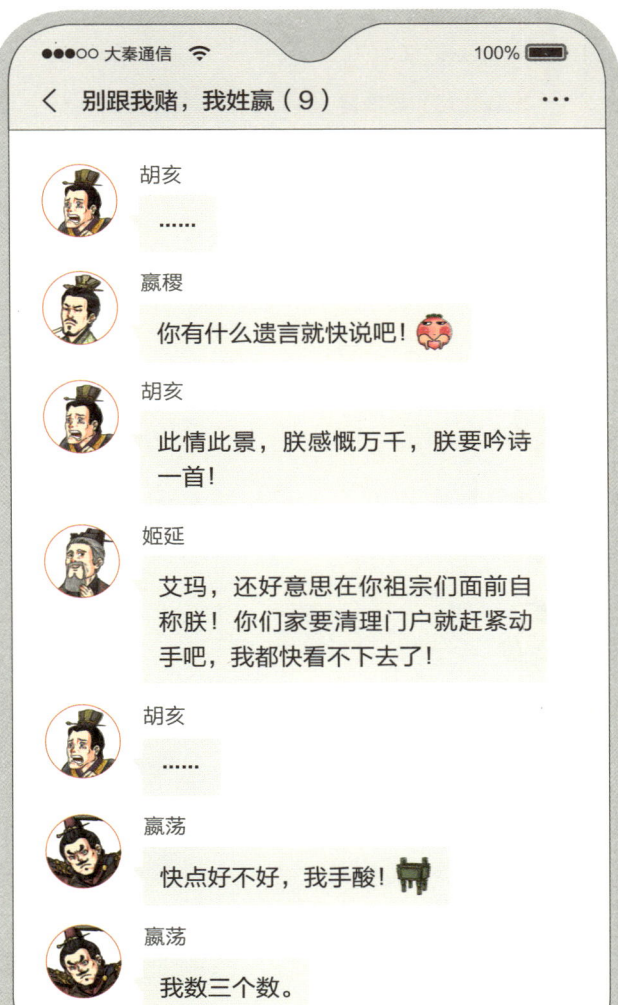

历史太好玩了！古代帝王群聊.秦朝篇

陆　亚历山大大帝进群：东西方雄主相遇，谁能更胜一筹？

在秦始皇之前，"朕"是个人人都能用的普通字，秦并天下后，"朕"被定为皇帝自称的专用词。

丞相绾（王绾）、御史大夫劫（冯劫）、廷尉斯（李斯）等皆曰："昔者五帝地方千里……臣等谨与博士议曰：'古有天皇，有地皇，有泰皇，泰皇最贵。'臣等昧死上尊号，王为'泰皇'。命为'制'，令为'诏'，天子自称曰'朕'。"

——《史记·秦始皇本纪》

🔊 七步成诗，指的是三国时期，曹操的两个儿子曹丕和曹植之间的故事。曹操死后，曹丕作为继承人掌控了政权，他十分担心文采斐然、才华横溢的弟弟曹植会威胁到自己的地位。曹操在世的时候，他们俩就因为争权夺位而互相猜忌。继位后的曹丕为了巩固自己的统治，给素有才子之名的曹植出了个难题，让他走路七步，写成一首诗。曹植果然是个狠人，不仅写出了诗，还在诗中讽刺曹丕不顾手足之情，无情无义，让曹丕哑口无言。这首诗被称作"七步诗"。

陆 亚历山大大帝进群：东西方雄主相遇，谁能更胜一筹？

别跟我赌，我姓嬴（9）

嬴政
@胡亥 你自己选吧，要我劈你，还是摔你！

嬴荡
还是我来砸吧！鼎举都举了！

胡亥
反正是要砸我，那我就不得不吐槽一句了。

胡亥
同样是举鼎，怎么人家项羽留下霸王举鼎的佳话，而武王爷爷您只留下了被鼎开瓢的笑话？

嬴荡
因为我举的是天下，项羽举的就是个锅！

胡亥
想着是天下，没想到却成了笑话！

陆　亚历山大大帝进群：东西方雄主相遇，谁能更胜一筹？

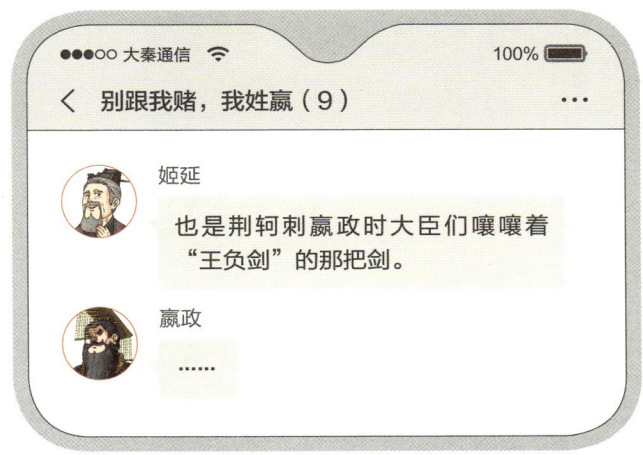

敲黑板

🔊　据说鹿卢剑是历代秦王的佩剑，别称有"秦王剑""宇宙锋"，其中"宇宙锋"还有京剧剧目传承至今，讲的是秦二世时期的故事。

🔊　白起是战国四大名将之一（另外三位名将分别是廉颇、李牧、王翦），有着杰出的军事才能，战绩斐然，晚年被嬴稷赐死。传闻嬴稷赐给白起自杀的剑就是鹿卢剑（正史无据）。

> 秦王乃使使者赐之剑，自裁。武安君引剑将自刭，曰："我何罪于天而至此哉？"良久，曰："我固当死。长平之战，赵卒降者数十万人，我诈而尽阬之，是足以死。"遂自杀。
>
> ——《史记·白起王翦列传》

荆轲刺秦王可以说是历史上最有名的"偷袭"事件了。秦国发动统一六国的战争之后，燕太子丹深感燕国朝不保夕，于是派遣刺客荆轲刺杀秦王嬴政。荆轲找了一个名叫徐夫人的男人要了一把毒匕首，为了等一个放了他鸽子的朋友，磨蹭了好几个月才上路，上路前在易水边找了一堆人大张旗鼓地开完party才出发。到了秦宫，荆轲的同伴、号称十几岁就敢杀人的秦舞阳在宫殿台阶上吓得抽筋了，最后只有荆轲一人到了秦王嬴政面前。荆轲把要献给嬴政的地图展开，图刚展开完，藏在其中的匕首就露了出来（图穷匕见），荆轲抓起匕首就要刺杀嬴政。就在与荆轲对阵的时候，嬴政却因为剑太长拔不出来险些受伤，后经人提醒将剑背到身后才拔出长剑斩杀荆轲。

陆　亚历山大大帝进群：东西方雄主相遇，谁能更胜一筹？

太子及宾客知其事者，皆白衣冠以送之。至易水之上，既祖，取道，高渐离击筑，荆轲和而歌，为变徵之声，士皆垂泪涕泣。又前而为歌曰："风萧萧兮易水寒，壮士一去兮不复还！"复为羽声忼慨，士皆瞋目，发尽上指冠。于是荆轲就车而去，终已不顾。

……

轲既取图奏之，秦王发图，图穷而匕首见。因左手把秦王之袖，而右手持匕首揕之。未至身，秦王惊，自引而起，袖绝。拔剑，剑长，操其室。时惶急，剑坚，故不可立拔。荆轲逐秦王，秦王环柱而走。

……

（秦王）卒惶急，不知所为，左右乃曰："王负剑！"负剑，遂拔以击荆轲，断其左股。

——《史记·刺客列传》

历史太好玩了！古代帝王群聊. 秦朝篇

大秦通信 100%

< **别跟我赌，我姓嬴（10）** ...

嬴驷
绝了！一剑双雕，真是好剑啊！

嬴荡
😳

姬延
😳

姬延
啥也不说了，期待年度大戏。我要赠诗一首！

姬延
慈父手中剑，逆子身上劈。父见子未死，后又补一剑。

嬴政
……

胡亥
……

"亚历山大"加入群聊

陆　亚历山大大帝进群：东西方雄主相遇，谁能更胜一筹？

别跟我赌，我姓嬴（10）

嬴稷
欸？有个外国人申请加入群聊，我手滑点了通过！

姬延
你是有什么疾病吧，怎么老手滑！

嬴稷
滚！

嬴政
齐国人？楚国人？韩国人？天下都统一了哪还有外国人？

亚历山大
大家好，我是马其顿国王亚历山大大帝。

胡亥
我在这群里才是真的"压力山大"呢！

别跟我赌，我姓嬴（10）

姬延
姓嬴的怎么回事啊，乱拉人也就算了，现在连外国人都放进来！太过分了啊！

亚历山大
 送给你的见面礼！@姬延

姬延
众所周知，西方人比东方人要高大，嬴稷，回头让白起把坑挖深一点……

嬴稷
……

亚历山大
……

姬延
说不定史书还会记载：大秦某年，西有蛮夷犯边，坑之。

嬴稷
填坑不如拉去修长城！

陆 亚历山大大帝进群：东西方雄主相遇，谁能更胜一筹？

亚历山大
呵呵！

嬴驷
你就是和我同一个时期的亚历山大三世？

亚历山大
没错！我统一希腊，横扫中东，占领埃及，吞并波斯帝国，征战足迹直抵印度河流域，世界四大文明古国，我拿下三个。

嬴政
另外一个你就别想了！我灭六国，统一华夏，德兼三皇，功过五帝，建立秦朝！

🔊 亚历山大大帝是古代马其顿王国的国王，也被称为亚历山大三世，他在位期间发动了长达十余年的东征之战，极大地拓展了马其顿的疆土，他统治时期的马其顿王国也被称为亚历山大帝国。

亚历山大并不是西方军事史上的一枝独秀，他和汉尼拔、恺撒大帝、拿破仑并称西方历史上的四大军事统帅。其中亚历山大出生最早，成就最大，因此他也是四大统帅之首。

亚历山大不仅统一了希腊全境，还灭掉波斯帝国，占领埃及全境，兵锋直抵印度河流域。古埃及、古巴比伦、古印度和中国并称为世界四大文明古国，而亚历山大征战的足迹遍布其中的三个。

🔊 秦惠文王嬴驷（公元前356年—公元前311年）和亚历山大（公元前356年—公元前323年）是同一个时代的人哦。

陆 亚历山大大帝进群:东西方雄主相遇,谁能更胜一筹?

大秦通信

别跟我赌,我姓嬴(10)

亚历山大
我们有"古希腊三贤":苏格拉底,柏拉图,亚里士多德。亚里士多德还是我的老师。

嬴政
我们有诸子百家。法家的商鞅、韩非也都是我们大秦的帝师!

鞅
本人商鞅,低调飘过,混个脸熟!

嬴渠梁
……

嬴政
我13岁登基,20岁出头就开始亲政。

亚历山大
我16岁摄政,20岁出头就开始征战四方。

🔊 亚里士多德是古代希腊哲学的集大成者。他是柏拉图的学生,柏拉图是苏格拉底的学生,同时,亚里士多德也是亚历山大的老师。现在的很多学科,都有亚里士多德的贡献。

🔊 秦王嬴政因为父亲庄襄王嬴子楚早早去世而成为秦王,随后逐步掌握政权,属于典型的少年君主,而亚历山大也是"皇族孩子早当家"的典范。

亚历山大的父亲经常出征,16岁的亚历山大就替父亲看家,治理马其顿,早早地在军政领域崭露头角。公元前336年,其父腓力二世遇刺身亡,年仅20岁的亚历山大被马其顿军队推举为新国王,开启了他"开挂"般传奇的一生。

陆　亚历山大大帝进群：东西方雄主相遇，谁能更胜一筹？

●●●○○ 大秦通信　📶　　　100% 🔋

< 别跟我赌，我姓嬴（10）　　…

嬴政

秦制奠定了数千年的中华底色。

亚历山大

希腊也是西方文明的源头。

嬴政

我们大秦有数十万秦军锐士。

亚历山大

希腊方阵也不是吃素的。

嬴政

但是你们征服的土地，现在没有一块是希腊人的。还是我们华夏民族源远流长，越打越大。

亚历山大

……

姬延

行了知道了！我就问一嘴，你们活到了多少岁？两家帝国存在了多少年？

历史太好玩了！古代帝王群聊. 秦朝篇

别跟我赌，我姓嬴（10）

嬴政
……

亚历山大
……

姬延
说啊，怎么都不说话了？

亚历山大
我32岁而亡，亚历山大帝国存在时间共计13年。

嬴政
我49岁驾崩，秦朝帝国存在时间共计14年——多一年也是多啊。

姬延
那我活到100多岁，大周存在近800年就不说什么了吧！

嬴驷
原来亚历山大和嬴政有"1314"的缘分。

陆　亚历山大大帝进群：东西方雄主相遇，谁能更胜一筹？

🔊　马其顿方阵是古代希腊重步兵方阵的改良版本，属于步兵战术。亚历山大军团主要依托此战术进行征伐。

🔊　史书并没有关于周天子姬延出生年月的详细记载，只知道他在位59年，死于秦灭周后不久。因继位时年岁不明，姬延的寿命引发后人的猜想，有一种观点认为他应该是一位极为少见的百岁君主。

历史太好玩了！古代帝王群聊.秦朝篇

别跟我赌，我姓嬴（10）

亚历山大
我没有留下帝位的合法继承者，导致我死后将领们瓜分了这个帝国。

嬴政
我的继承者虽说看起来还算合法，但还不如留给最强的将领！

胡亥
……

姬延
哈哈，人家刘备生的儿子是大智若愚，嬴政生的儿子是大于弱智！

胡亥
你给我闭嘴，少在我秦人面前大放厥词！

姬延
什么，你这个亡国之君还敢在我面前造次！

陆　亚历山大大帝进群：东西方雄主相遇，谁能更胜一筹？

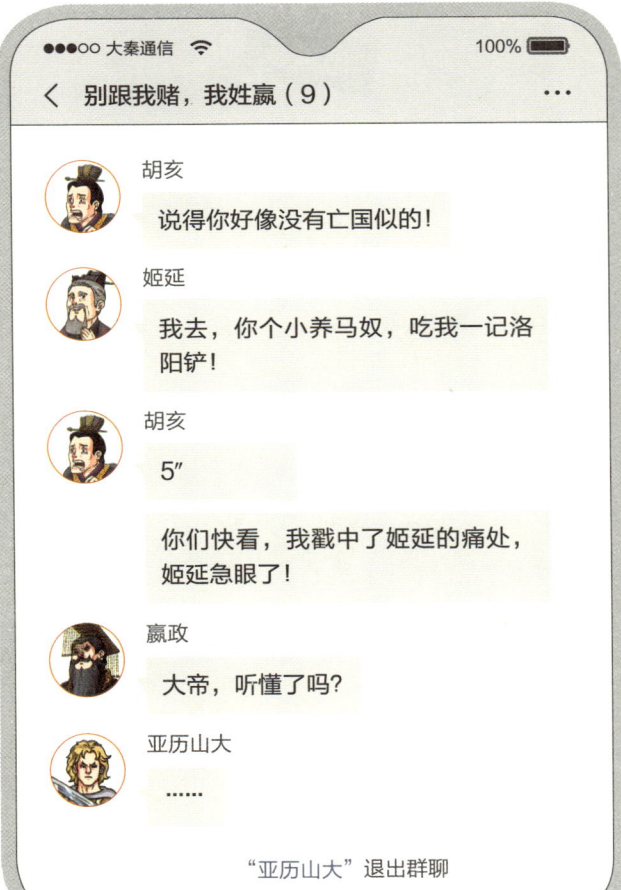

◀) 亚历山大三十出头就暴病而亡,他麾下与他一同征战的将军们纷纷自立门户,割据一方,建立了塞琉古王朝等国家,并爆发了"继业者战争",争夺亚历山大的政治遗产。

◀) 东周最后的君主是周赧王姬延,秦朝最后一个皇帝是秦二世胡亥,虽然姬延灭国后,周的残余势力仍在,秦二世以后还有一个秦王子婴,但是姬延和胡亥才是传统意义上的亡国之君。

没有对比,就没有伤害:
他们同为帝师,教出的学生却有天壤之别

历史太好玩了！古代帝王群聊．秦朝篇

别跟我赌，我姓嬴（9）

嬴稷
没想到一个"中文四级听力"就吓走了亚历山大。

嬴荡
既然他退群了，那我们就继续揍胡亥吧！

嬴荡
一个赞打胡亥一拳！

胡亥
等一下！我收到一条短信。

胡亥
短信上说："我是秦始皇，我在咸阳地宫有3000吨黄金和300万秦军被封印……"

嬴政
？？？

胡亥
"你只需要给我转账2000元，待我解封之日，我就立你为太子！"

柒　没有对比，就没有伤害：他们同为帝师，教出的学生却有天壤之别

〈 别跟我赌，我姓嬴（10）

嬴政
我呸！他是秦始皇，那我是谁？

嬴稷
这些短信诈骗和杀猪盘有什么区别！

嬴荡
关键是还有人相信！

嬴政
我郑重声明，我秦始皇不会给任何人发短信要钱。如果被骗，请立刻报警，与本人无关！

胡亥
爸爸，我把这个骗子拉进来了，你们可以好好教训一下他！

"胡亥"邀请"赵高"加入群聊

赵高

敲黑板

"指鹿为马"说的是秦二世时期,权宦赵高为了了解朝廷里有多少支持他的人而特意搞出来的一场颠倒黑白的闹剧。赵高找来一只鹿呈给秦二世,然后硬要把鹿说成是马,朝廷里附和他的人、反对他的人,他都记在了心里,并暗地里杀害了那些不随声附和他的忠良。这个故事的本意说的是赵高权

柒 没有对比，就没有伤害：他们同为帝师，教出的学生却有天壤之别

势熏天，为非作歹，迫害异己，同时引申为颠倒黑白，错乱是非。

* 赵高翻看了一下群组成员头像。

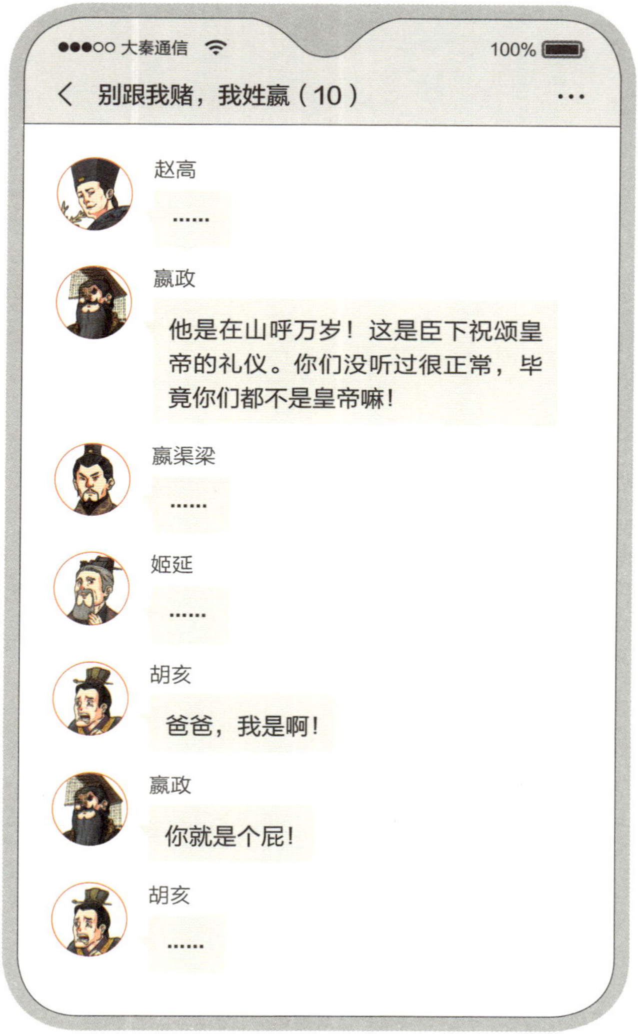

赵高
……

嬴政
他是在山呼万岁!这是臣下祝颂皇帝的礼仪。你们没听过很正常,毕竟你们都不是皇帝嘛!

嬴渠梁
……

姬延
……

胡亥
爸爸,我是啊!

嬴政
你就是个屁!

胡亥
……

柒 没有对比,就没有伤害:他们同为帝师,教出的学生却有天壤之别

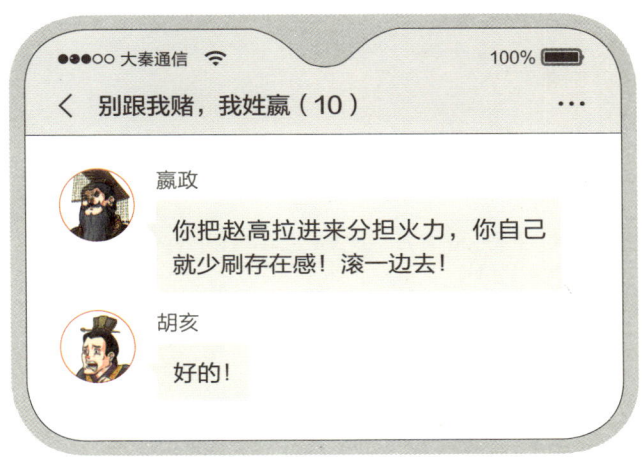

🔊 山呼万岁:西汉元封元年,武帝巡嵩山,随行的官吏发现在山林之中呼喊万岁,可以得到山谷的回应,而且经久不绝。那个时候大家都没学过物理知识,要不然就不会把这种简单的回声效应当成人间祥瑞了。据说汉武帝听到"万岁万岁万万岁"之后,大臣们纷纷向武帝道贺:"此乃山神恭迎万岁圣驾。"从此以后,山呼万岁为历代所沿用,成为对皇帝的祝福。

翌日,亲登嵩高,御史乘属,在庙旁吏卒咸闻呼万岁者三。

——《汉书·武帝纪》

柒　没有对比，就没有伤害：他们同为帝师，教出的学生却有天壤之别

别跟我赌，我姓嬴（10）

赵高
是不是太监不重要，重要的是我能获得始皇帝的青睐。

嬴政
青睐到你把我家搞没了？真是混账东西！

赵高
陛下，您先息怒！主要是二世胡亥实在是扶不起来啊！

胡亥
阉贼，还不是你自己想当皇帝？！传言我被你害死之后，你坐上龙椅，顿感地动山摇，从龙椅上摔了下来！

嬴政
！！！

嬴驷
！！！

嬴稷

！！！

 赵高

是传言，是演绎！陛下万万信不得啊！

 赵高

二世亡后，末代秦王子婴继位，这就是证据！

 胡亥

你把人家李斯拉下水，最后又把人家干掉，还不是因为你想当副皇帝！

 姬延

同样是"挟天子以令诸侯"，看看人家曹操，就甘心当个有权的"副皇帝"（丞相），留着傀儡做样子不香吗？

 胡亥

……

柒 没有对比,就没有伤害:他们同为帝师,教出的学生却有天壤之别

敲黑板

据说,秦始皇曾让方士卢生出海寻找蓬莱,以求不死之药,卢生未能找到不死之药,却向秦始皇献上一本仙书,其中有谶语"亡秦者,胡也"。秦始皇认为谶语中的胡指的是北方的胡人,也就是游牧民族匈奴，认定边患将威胁秦朝的统治，于是命令大将蒙恬率三十万大军，北伐匈奴，并加紧了修筑万里长城的步伐。

其实秦始皇没有想明白的是，自己不争气的儿子胡亥，才是那个亡秦者……

始皇巡北边，从上郡入。燕人卢生使入海还，以鬼神事，因奏录图书，曰"亡秦者胡也"。始皇乃使将军蒙恬发兵三十万人北击胡，略取河南地。

——《史记·秦始皇本纪》

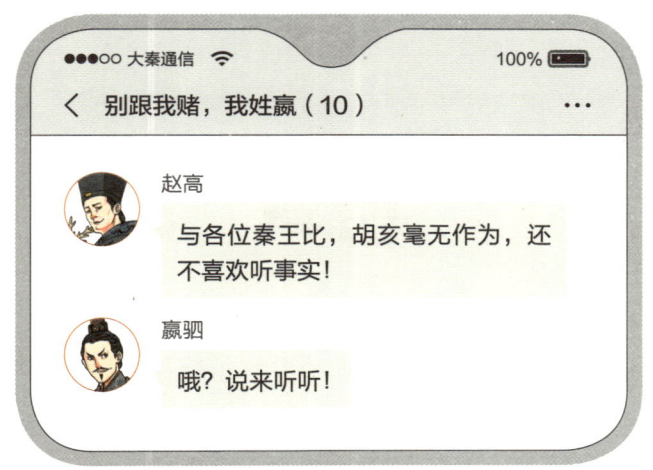

柒 没有对比，就没有伤害：他们同为帝师，教出的学生却有天壤之别

●●●○○ 大秦通信 🛜　　　　　100% 🔋

< 别跟我赌，我姓嬴（11）　　　···

赵高

社会动乱、百姓造反，苛捐杂税、官逼民反……只要是反秦的负面消息，他命令一律不得汇报，议论的一律杀头。

嬴政

还不是你这个老师教得好！

赵高

……

"嬴子楚"邀请"吕不韦"加入群聊

嬴子楚

说到老师，看看吕不韦教出的政儿，再看看赵高教出的胡亥。没有对比，就没有伤害。

胡亥

爷爷，你是真爱数据分析啊！

嬴子楚

闭嘴！

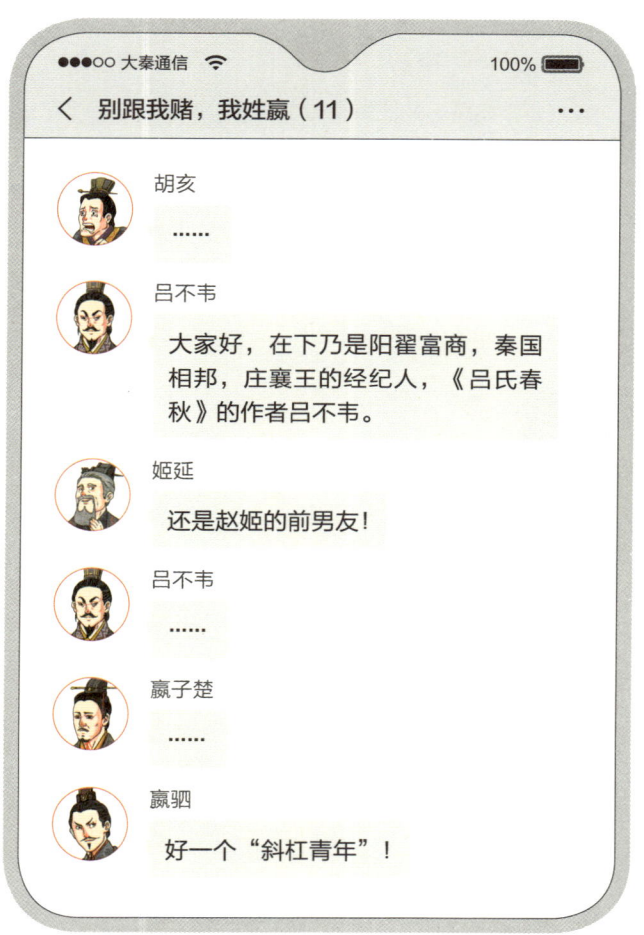

*斜杠青年指有多种职业和身份的人。比如,吕不韦:阳翟富商/秦国相邦/庄襄王的经纪人/《吕氏春秋》的作者。

柒　没有对比，就没有伤害：他们同为帝师，教出的学生却有天壤之别

吕不韦的人生十分传奇，史记没有记载他的出生年月，只记载了他阳翟富商这一身份。但是在中国古代长期重农抑商的背景下，商人纵使有钱，却没有社会地位，经常被掌控政权和文化的贵族欺压。我们听过许多"逆袭"案例，比如苏秦、张仪刻苦读书，最终凭借三寸不烂之舌拨乱天下，那么，手握巨款的吕不韦是怎么打造成功人设的呢？第一步，投资政治人物。他选择了秦国公子嬴异人，成功帮助异人上位，让他成为秦庄襄王。第二步，跻身权贵阶层。庄襄王成为"大秦话事人"后投桃报李，也给了吕不韦相邦的职位和攻灭东周公国等建功立业的机会。第三步，附庸文化潮流。吕不韦出钱写书，凭借《吕氏春秋》，在百家争鸣的时代让自己成为杂家学派的巨佬。

历史太好玩了！古代帝王群聊．秦朝篇

别跟我赌，我姓嬴（11）

嬴子楚

老吕啊，你好好教教这个赵高怎么当老师！

吕不韦

赵高

久闻吕相大名！我活跃在秦始皇中后期和秦二世当政时期，咱俩的知名度不分上下，教我做事就大可不必了！

吕不韦

我活跃在庄襄王执政和嬴政还是秦王的时期，我出道的时候，你这个阉人还不知道在哪呢！

赵高

你说这话我就不开心了，宦官怎么了？你还是一个奸商呢！

吕不韦

投资人，投资魂，商人才是人上人！

174

柒 没有对比,就没有伤害:他们同为帝师,教出的学生却有天壤之别

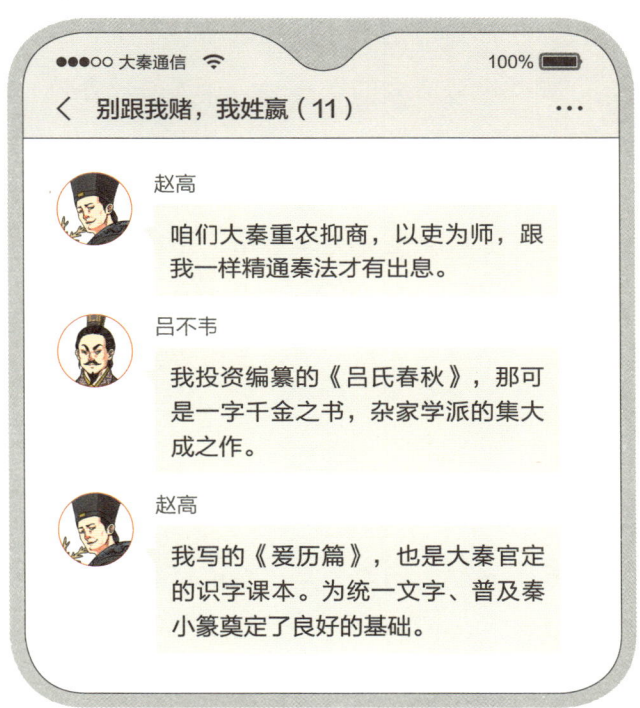

敲黑板

🔊 一字千金这个成语与吕不韦有关。吕不韦功成名就以后,也开始打造文化人设,他组织了一大帮有学问的人跟他一起编纂《吕氏春秋》。凭着自己有钱有权,高调地进行新书发布,在咸阳城门口展开宣传，号称自己这书，谁能改动一个字，就赏他千金。如此声势浩大的发布会，让《吕氏春秋》一夜成名。

> 吕不韦乃使其客人人著所闻，集论以为八览、六论、十二纪，二十余万言，以为备天地万物古今之事，号曰《吕氏春秋》。布咸阳市门，悬千金其上，延诸侯游士宾客，有能增损一字者，予千金。
> ——《史记·吕不韦列传》

🔊 《爰（yuán）历篇》是赵高撰写的蒙学课本，主要是讲法令律例的。因为秦初统一文字，这本书也成为教人读书识字的"扫盲读本"。东周列国时期，天下各国文字迥异，一个大文豪从秦国到楚国，可能瞬间连门牌号都看不明白了。秦朝统一之后，这种窘境严重威胁了秦始皇塑造文化认同的大业，统一文字势在必行。于是李斯、赵高等人将秦朝原本使用的小篆进行了优化，并推广到全国，这件事也就是前文提过的"书同文"。

柒　没有对比，就没有伤害：他们同为帝师，教出的学生却有天壤之别

●●●○○ 大秦通信 🛜　　　　　100% 🔋

＜　别跟我赌，我姓嬴（11）　　⋯

吕不韦
我是名门之后，姜子牙二十三世孙。

赵高
我虽生于罪人之家，自小隐宫成为官奴，但我凭本事逆袭，拿下大秦全国公务员考试第一名，后来成为中车府令和书法大家。

姬延
不就是嬴政的司机嘛！一个管理车马的有啥嘚瑟的！

赵高
你要知道，一个老总的贴身司机可是知道很多秘密和大方向动态的。

嬴政
！！！

赵高
我能有今天的成就，靠的不仅仅是运气。

177

历史太好玩了！古代帝王群聊. 秦朝篇

嬴荡
还有阿谀奉承。

嬴稷
玩弄权术。

嬴子楚
心狠手辣。

赵高
……

胡亥
解气，我自打一拳以谢祖宗！

赵高
后世称赞我体魄高大强壮，骑术车技精湛，武艺非同寻常，是大秦帝国不可多得的文武双全的人才。

胡亥
是啊，你能把鹿指成马，把黑的说成白的，不正是当阴谋家的人才吗！

柒 没有对比，就没有伤害：他们同为帝师，教出的学生却有天壤之别

●●●○○ 大秦通信 📶　　　　　　100% 🔋

〈　别跟我赌，我姓嬴（11）　　···

赵高
你别叫胡亥了，叫胡说得了！

嬴政
当初你触犯秦法，我没让蒙毅杀了你，真是大错特错！

赵高
那次大难不死，让我更加体会到了什么是权力，什么是世事难料！

赵高
我要一步一步地往上爬，爬到权力的最高处！

姬延
来吧，加入我的"阶梯有氧"计划，和我一起爬楼梯！

赵高
滚！

吕不韦
你当上丞相是靠爬，而我当上秦国相邦，靠的就是一样东西。

🔊 姜子牙的本名叫姜尚,字子牙,他的祖先功劳很大,在舜、禹时期被封在吕地,所以姜是他的姓,吕是他的氏,他又被称为吕尚。

夏商两代,姜、吕的后代沦为平民,战国时期比较有名的人物就是吕不韦了。

🔊 赵高生于罪人之家,却是法学学霸,且身材高

柒　没有对比，就没有伤害：他们同为帝师，教出的学生却有天壤之别

大、孔武有力，既能当司机，又能当家教，由此出道，成为秦朝的权宦。

> 赵高者，诸赵疏远属也。赵高昆弟数人，皆生隐宫，其母被刑僇，世世卑贱。秦王闻高强力，通于狱法，举以为中车府令。高既私事公子胡亥，喻之决狱。
>
> ——《史记·蒙恬列传》

🔊 相邦和丞相的区别：相邦这个官名，长期存在于先秦时期。相在古代有"辅佐、辅助"的意思，所以相邦，就是邦国内的辅臣。此时的丞相还只是相邦的副手。西汉初年，因为避讳刘邦之名，相邦改称相国，而丞相逐步演变为协助皇帝管理一切军国大事的职位。

历史太好玩了！古代帝王群聊．秦朝篇

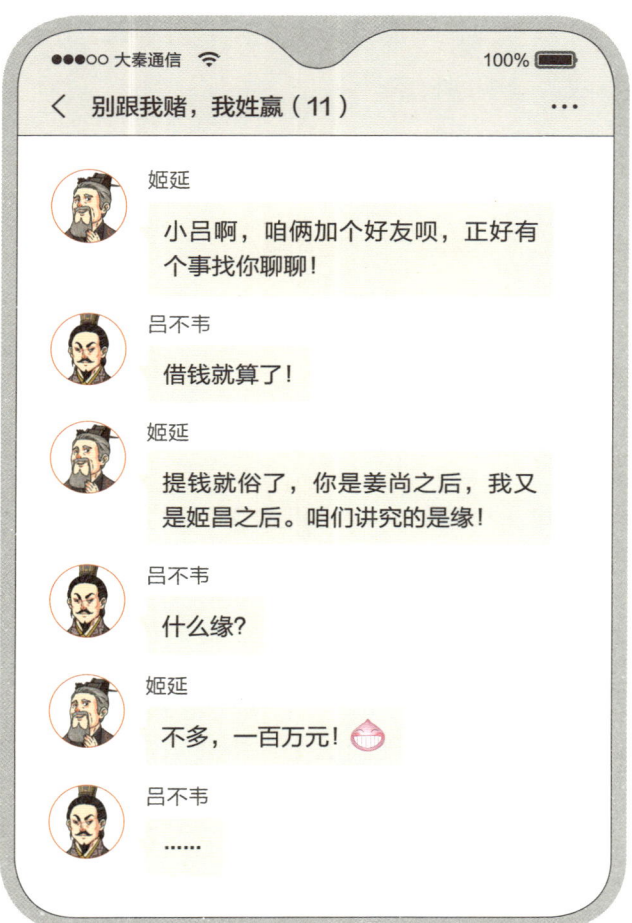

胡亥拉子婴进群分担火力：

"我虽亡秦有过，但真正的亡国之君是他！"

历史太好玩了！古代帝王群聊．秦朝篇

别跟我赌，我姓嬴（12）

"嬴稷"邀请"嬴柱"加入群聊

嬴稷
我儿孝文王嬴柱进来了！

嬴稷
七世同堂，总算是齐了！

嬴柱
家人们好！🎃

嬴荡
你就是创下历代帝王在位时间最短吉尼斯纪录的嬴柱？

嬴柱
……

嬴渠梁
曾孙子，你在位多长时间？

嬴柱
回曾爷爷，三天！

捌　胡亥拉子婴进群分担火力:"我虽亡秦有过,但真正的亡国之君是他!"

说出来你可能不信，秦孝文王嬴柱的在位时间真的只有三天。据《史记·秦本纪》记载："孝文王元年，赦罪人，修先王功臣，褒厚亲戚，弛苑囿。孝文王除丧，十月己亥即位，三日辛丑卒，子庄襄王立。"

这里边有一个很有意思的点，就是孝文王嬴柱是先为父亲昭襄王嬴稷服丧，服丧期满正式登基之后才开始按照孝文王的在位时间来纪年。古代的君主往往没有"退休"的说法，要么像乾隆一样自己退位当太上皇，要么像李隆基一样，被儿子架空当太上皇，否则就只能当皇帝当到驾崩为止。但问题是，皇帝又不可能很准确地卡在年头年尾驾崩，而国不可一日无君，这怎么办呢？中国古代一直都是储君在先皇灵前先接过权力，但是不改元，先皇驾崩这一年还按照先皇原来的年号、纪元来计算。等到第二年再宣布改元，开启一个新时代。比如清朝的顺治帝，他于顺治十八年年初驾崩，他的儿子玄

捌　胡亥拉子婴进群分担火力："我虽亡秦有过，但真正的亡国之君是他！"

烨继位，但是这一年仍然属于顺治时代，第二年才算康熙年间。所以说，嬴柱正式称王只有三天，但是真正执掌王权可不止三天。

🔊　完颜承麟是金朝最后一个正统皇帝金哀宗完颜守绪指定的继承人，当时蒙古帝国简直是开了挂一般地攻城略地，金朝作为北方的百年大国也扛不住，疆土一直往南退却到蔡州一带，金朝政权奄奄一息，已经是名存实亡了。

金哀宗怕自己承担亡国之君的罪名，也希望有人能突出重围延续金朝，于是将重任委托给了完颜承麟，自己转头就上吊殉国了。完颜承麟刚刚完成继位仪式，马上奔赴战场，然后就战死沙场，金朝从此彻底灭亡。这一过程不过短短几个时辰，完颜承麟也由此成为中国历史上在位时间最短的君王。

承麟即皇帝位。百官称贺。礼毕，亟出捍敌……末帝为乱兵所害，金亡。

——《金史·本纪》

历史太好玩了！古代帝王群聊．秦朝篇

别跟我赌，我姓嬴（12）

嬴柱
曾爷爷孝公任用商鞅，实行变法；爷爷惠文王是秦国第一个称王的国君；我爸昭襄王虽然在位五十六年，把我熬死……

嬴稷
……

嬴柱
但他蚕食六国，灭周迁鼎！而我孙子嬴政则一统六国，成为历史上第一个皇帝。大秦人威武啊！

嬴荡
听起来好像没我什么事。

嬴子楚
+1

嬴政
爸爸别气馁！我给您追封了一个太上皇，您可是中国历史上的第一个太上皇。

捌　胡亥拉子婴进群分担火力："我虽亡秦有过，但真正的亡国之君是他！"

历史太好玩了！古代帝王群聊．秦朝篇

别跟我赌，我姓嬴（12）

嬴驷

历代秦王在位三天的不犯错，在位三年的立大功，再看看你，秦朝到你手里十四年就亡了，不打你打谁！

胡亥

我要是只在位三天，我也不犯错！

嬴驷

……

嬴柱

……

姬延

看看我们大周余脉还有个东周公国，要是这么算，我们大周还能多加七年。

嬴政

斤斤计较！你大周都八百年了，还要再加七年干吗？

捌　胡亥拉子婴进群分担火力："我虽亡秦有过，但真正的亡国之君是他！"

东周公国是一个从周王室分裂出来的小国,第一代封君为东周惠公。东周惠公是在周显王二年(公元前367年)周威公死后被分封到巩国旧地的。与东周公国相对应的还有一个西周公国,都是周朝分封的小国。没想到这小小的公国,竟然成了周天子最后的栖身之所。周赧王八年的时候,发生了秦武王举鼎事件,秦军将周天子逐出成周王宫,赧王徙居西周王城。东周王朝灭亡七年之后,秦相吕不韦灭东周公国,周朝的最后一点土地也不复存在了。

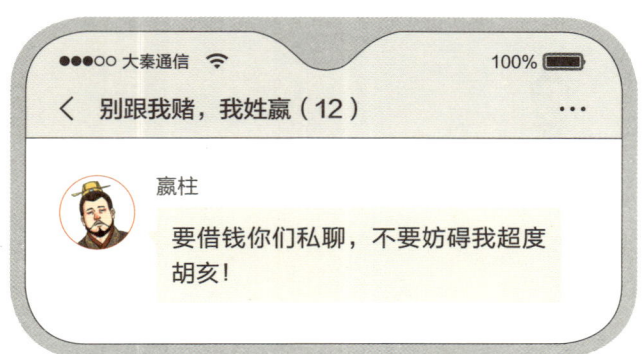

捌　胡亥拉子婴进群分担火力："我虽亡秦有过，但真正的亡国之君是他！"

胡亥
曾爷爷！待机的你，柔弱无比，打我的你，刀刀暴击。虽然我亡秦有过，但亡国之君是子婴啊！

"胡亥"邀请"子婴"加入群聊

嬴子楚
这孙子还真会拉人替自己分担火力！

子婴
我是谁？我在哪？我什么都不知道！

胡亥
都是自己人，就别装了！@子婴

子婴
哦，原来是大秦的聊天群啊！

子婴
我先声明：要不是胡亥给我留的烂摊子太大，没准我能成为大秦的中兴之君！

历史太好玩了！古代帝王群聊．秦朝篇

●●●○○ 大秦通信 📶　　　　　　　100% 🔋

< 　别跟我赌，我姓嬴（13）　　　⋯

 胡亥
别脸大了！快和扶持你的阉狗赵高battle吧！

 子婴
搞垮大秦的赵高也在啊？

 赵高
胡说，我只是跟李斯搞了个政变，帮胡亥夺了个皇位而已！你们大秦灭亡跟我有啥关系？！

 子婴
陈胜吴广为何造反，你心里没点数？

 赵高
⋯⋯

 嬴政
就是那个"燕雀安知鸿鹄之志"的陈胜？连农民都敢造反了？

捌　胡亥拉子婴进群分担火力："我虽亡秦有过，但真正的亡国之君是他！"

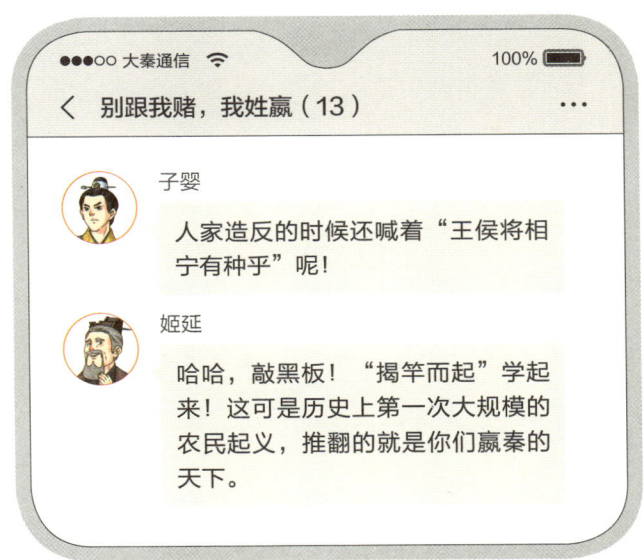

◀)　陈胜和吴广是秦末农民起义的领导人，秦朝律法严苛，陈胜吴广带人服徭役，因为路上遇到大雨耽误了行程。陈胜、吴广怕秦朝朝廷责罚，也感慨暴政之下民不聊生，于是发动了中国历史上第一次农民大起义——大泽乡起义。

围绕陈胜吴广起义事件，诞生了很多"名梗"，比如吐槽别人不懂自己理想的"燕雀安知鸿鹄之志",学狐狸叫做舆论宣传的"大楚兴,陈胜王",等等。最有名的就是不屈服于出身,充满抗争精神的"王侯将相宁有种乎",意思是说:那些称王侯拜将相的人,难道天生就比我们高贵吗?

> 陈涉少时,尝与人佣耕,辍耕之垄上,怅恨久之,曰:"苟富贵,无相忘。"佣者笑而应曰:"若为佣耕,何富贵也?"陈涉太息曰:"嗟乎!燕雀安知鸿鹄之志哉!"
>
> ……
>
> 卒买鱼烹食,得鱼腹中书,固以怪之矣。又间令吴广之次所旁丛祠中,夜篝火,狐鸣呼曰:"大楚兴,陈胜王。"卒皆夜惊恐。
>
> ……
>
> 召令徒属曰:"公等遇雨,皆已失期,失期当斩。藉第令毋斩,而戍死者固十六七。且壮士不死即已,死即举大名耳,王侯将相宁有种乎!"徒属皆曰:"敬受命。"
>
> ——《史记·陈涉世家》

捌　胡亥拉子婴进群分担火力："我虽亡秦有过，但真正的亡国之君是他！"

秦朝"收天下之兵"的策略使得战国时期的大量金属兵器被秦朝收缴，百姓失去了反抗朝廷的武装。陈胜吴广起义的时候，只能手持简陋粗劣的武器，以木石为刀兵与秦军作战，这也是成语"斩木为兵，揭竿为旗"的来源。

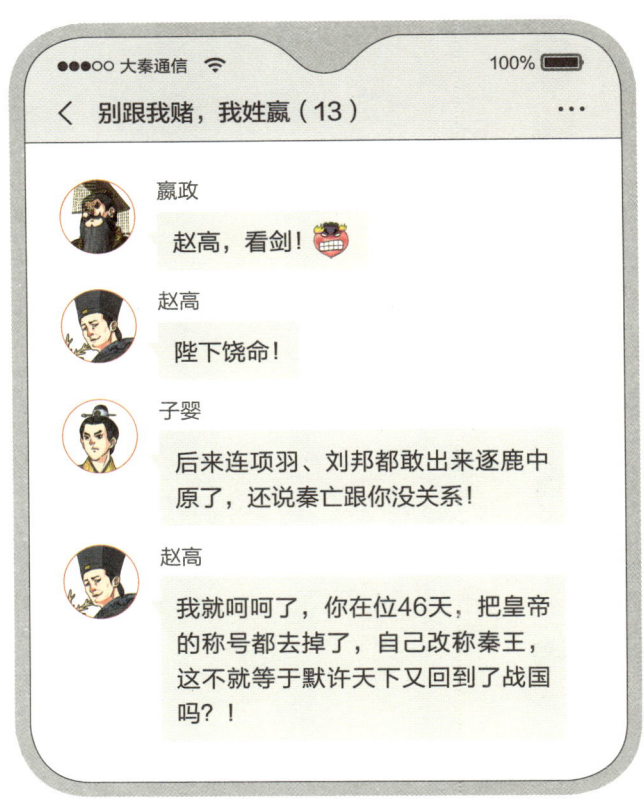

别跟我赌，我姓嬴（13）

 姬延

什么？回到战国了？！"精周狂喜"啊！那我们东周朝是不是还有翻盘的机会？

 嬴稷

做梦。

 嬴政

做梦。

 嬴驷

做梦。

 姬延

……

 子婴

天下分崩离析，疆土越来越小，是谁告诉我称皇帝不合时宜，还是叫秦王比较好的？

 赵高

……

捌　胡亥拉子婴进群分担火力:"我虽亡秦有过,但真正的亡国之君是他!"

赵高力劝即将继位的子婴去掉皇帝的称号,将名号改回秦王,赵高的理由是"地盘不大了,就剩老家了,打下的江山快丢光了。"

二世自杀。阎乐归报赵高,赵高乃悉召诸大臣公子,告以诛二世之状。曰:"秦故王国,始皇君天下,故称帝。今六国复自立,秦地益小,乃以空名为帝,不可。宜为王如故,便。"立二世之兄子公子婴为秦王。

——《史记·秦始皇本纪》

但其实史书中还记载了"我闻赵高乃与楚约,灭秦宗室而王关中"这样一句话,赵高是想先让子婴称王,然后借力打力,等楚军灭秦之后,自立为王。

历史太好玩了！古代帝王群聊. 秦朝篇

别跟我赌，我姓嬴（13）

 嬴政

我好不容易一统四海称始皇帝，你们就这样把皇帝的称号给丢掉了？

 子婴

赵高逼杀秦二世，去秦帝号，怂恿我复称秦王，就是为自己日后继续篡位做准备！

 胡亥

我说的没错吧，赵狗就是想自己当皇帝！

 赵高

……

 子婴

你要是能早看出来赵高的野心，也不至于为他所杀。

 胡亥

我真后悔当初杀了李斯和蒙恬！若当时有其中一人健在，又岂容赵狗作乱！

捌　胡亥拉子婴进群分担火力："我虽亡秦有过，但真正的亡国之君是他！"

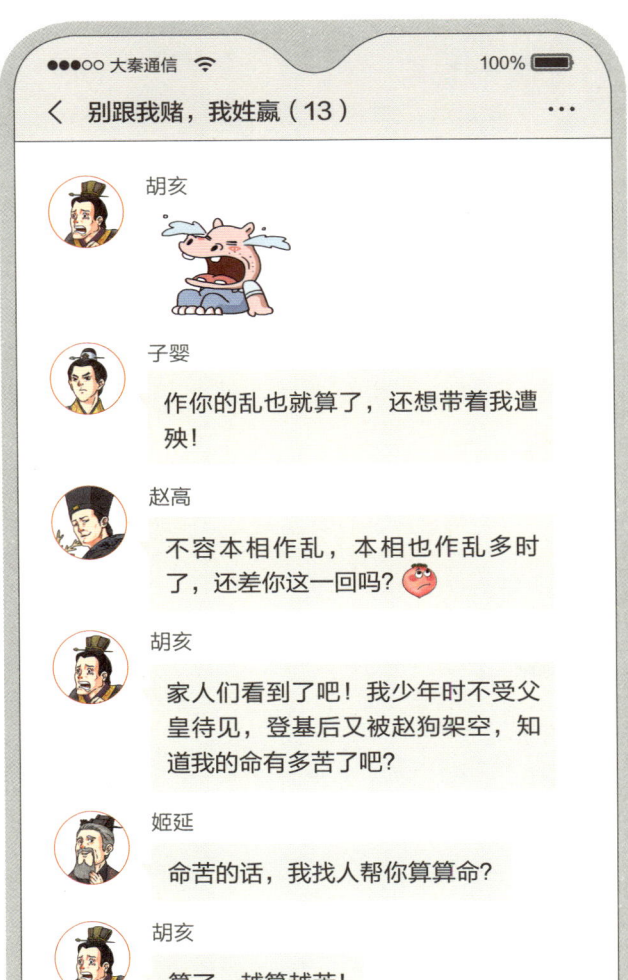

历史太好玩了！古代帝王群聊．秦朝篇

别跟我赌，我姓嬴（13）

姬延
……

嬴政
你就是活该！蒙恬、蒙毅你都不放过！那可是我留给你的镇国将军！

子婴
他还杀害兄弟姐妹，清洗了整个秦朝皇族，我算是命大，没让他逮住。

嬴政
！！！

姬延
@吕不韦 小吕啊，快！生意要来了！奇货可居，屯点咸鱼！

吕不韦
什么东西啊？

姬延
嬴政气死，咸鱼又要涨价了。

202

捌　胡亥拉子婴进群分担火力："我虽亡秦有过,但真正的亡国之君是他!"

子婴、胡亥等人的生平事迹散见于《史记》中的《秦始皇本纪》《蒙恬列传》等篇章。胡亥曾被赵高蛊惑,用残忍的手段杀害了自己的兄弟姐妹,也对朝廷中举足轻重的蒙恬、蒙毅等人进行了迫害和清洗。在这些事件中,子婴都是苦口婆心地规劝,但是子婴劝不动胡亥,只好明哲保身,躲避危机。

> 太子立为二世皇帝,而赵高亲近,日夜毁恶蒙氏,求其罪过,举劾之。子婴进谏……胡亥不听。
> ——《史记·蒙恬列传》

别跟我赌,我姓嬴(13)

嬴政
管好你自己吧,成天叫嚷着大周八百年,在浩瀚的历史潮流里,你们东周的这些天子又有啥存在感?

嬴稷
欸,政儿你可不能这么说。楚国人、秦国人进他们家里问鼎两次,这点存在感还是有的!

姬延
……

嬴柱
说起楚国,我老婆华阳夫人就是楚国人。战国的时候,也就楚国能跟大秦碰一碰了。

姬延
哈哈,岂止是战国,秦朝后期也可以啊!楚虽三户,亡秦必楚!

嬴柱
……

捌　胡亥拉子婴进群分担火力："我虽亡秦有过，但真正的亡国之君是他！"

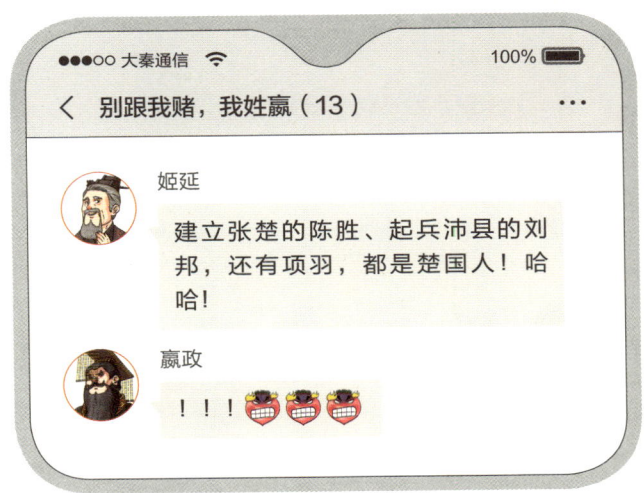

🔊　关于周朝的九鼎，有过两次"名场面"。第一次是周定王时期，楚庄王北伐陆浑戎，在洛阳城外阅兵。周定王派王孙满慰劳楚王，楚王问询了九鼎的大小轻重。第二次就是周赧王时期，秦武王嬴荡举鼎事件。

别跟我赌,我姓嬴(13)

 姬延
秦亡的时候,项羽一战坑杀秦军二十万,简直就是SSR白起小号。

 嬴政
天杀的项羽!灭我大秦,屠我秦军。但凡我多活几年,他敢这么蹦跶?

 姬延
他当然敢!你东巡江南时,他就在人群中吐槽过你!

 嬴政
吐槽什么?

 姬延
彼可取而代也……

 嬴政
我去!拉他进群!

天上掉下个楚霸王：
"力拔山兮气盖世，我进群好像不太合适！"

●●●○○ 大秦通信 🛜　　　　　　100% 🔋

< 　别跟我赌，我姓嬴（14）　　　　　⋯

"项羽"通过扫描"姬延"分享的二维码
加入群聊

项羽

姬延

要不我把陈胜、吴广也拉进来，开启"5V5模式"？

嬴驷

姬延这老小子怎么跟谁都是好友？

姬延

敌人的敌人那就是朋友！

嬴驷

……

姬延

算了！有我老本家西楚霸王就够了！

嬴稷

他怎么成你的本家了？

玖　天上掉下个楚霸王："力拔山兮气盖世，我进群好像不太合适！"

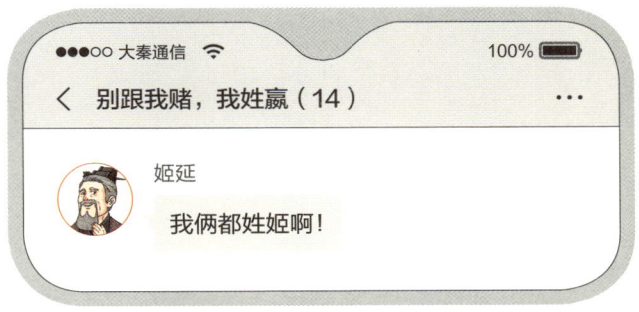

古代人和现代人的名字是有很大区别的，现代人一说名字，或者姓名，估计就是张三李四，而古代人，姓、氏、名、字是四种东西。姓是用来"别婚姻"的，表示他们都出自一个血缘，例如商朝的姓是子，周朝的姓是姬，秦朝的姓是嬴。氏是用来"别贵贱"的，比如一个贵族男子被封到某地，他的封号就可以用作氏，比如姜子牙，也被叫作吕尚，姜是姓，吕是氏。名是指一个人被父亲赐给的名称，或者自己改叫的名称，比如李白，他的名就是白这个字。字是男子成年冠礼以后，起的表字，与名相对应，比如杜甫字子美，李白字太白。

项羽就是这样,他是姬姓,项氏,名籍,字羽。他是秦汉之际著名的政治家、军事家,祖父是楚国名将项燕。项羽是楚国人,但是他这个氏的祖籍是一个叫项国的小国。项国是周文王庶子的封国,项羽也就是项国的后裔,算起来,他和周天子还真是同宗同族,只是这个血缘关系,疏远到"八百年前是一家"了。

玖　天上掉下个楚霸王："力拔山兮气盖世，我进群好像不太合适！"

历史太好玩了！古代帝王群聊．秦朝篇

🔊 "力拔山兮气盖世"出自项羽的《垓（gāi）下歌》："力拔山兮气盖世，时不利兮骓不逝。骓不逝兮可奈何，虞兮虞兮奈若何！"垓下是古地名，位于安徽省灵璧境内，是楚汉最后决战的战场遗址。

🔊 对于历史中的英雄人物，史书一定会记载他少年时期的奇闻逸事，有的从神话角度来吹捧帝王将相，有的则是古人对一些异象的误解，还有的是记载英雄人物年少时期的种种不凡之举。比如刘邦是龙的儿子，杨坚出生时"紫气充庭"，赵匡胤出生时红光满天，等等。项羽的故事，是从一句"豪言壮志"开始的，《史记·项羽本纪》中记载，秦始皇帝出游之时，项梁与项羽都在围观的人群中，看着始皇帝的仪仗，项羽脱口而出："彼可取而代也。"不管当时的项羽，是否真的有如此远大的理想，到后来他的确做到了。

秦始皇帝游会稽，渡浙江，梁与籍俱观。籍

玖　天上掉下个楚霸王："力拔山兮气盖世，我进群好像不太合适！"

曰："彼可取而代也。"梁掩其口，曰："毋妄言，族矣。"梁以此奇籍。

——《史记·项羽本纪》

别跟我赌，我姓嬴（14）

嬴稷
你项羽举的那个鼎，充其量就是吃烧烤用的铜锅，而我哥举的那是重达千斤的九鼎，能是一回事吗！

项羽
是什么鼎不重要，重要的是嬴荡因举鼎而亡，我项羽因举鼎而成名。

姬延
没错，同样是举鼎，秦武王作为秦君，不顾大局，险些动摇国本。而人家项羽通过举鼎提升知名度，让默默无闻的自己，一步步成为西楚霸王。

项羽
司马迁给我写过《项羽本纪》，要知道只有帝王才可以有本纪。这么看，我完全可以和你秦始皇平起平坐。

玖　天上掉下个楚霸王："力拔山兮气盖世，我进群好像不太合适！"

别跟我赌，我姓嬴（14）

嬴政

我呸！我嬴政"挥剑决浮云，诸侯尽西来"，13岁继位，22岁亲政，39岁一统天下，堪称千古一帝！

项羽

我项羽"二十有才能逐鹿，天下侯王一手封"，25岁破釜沉舟，赢得巨鹿之战。28岁大获成功，分封诸侯！

嬴政

然后31岁乌江自刎！

项羽

你49岁死在巡游的路上，也好不到哪里去！

嬴政

！！！

项羽

除了霸王举鼎，我还留下了"霸王别姬"的佳话，不知造就了多少戏剧界的顶流。

玖　天上掉下个楚霸王："力拔山兮气盖世，我进群好像不太合适！"

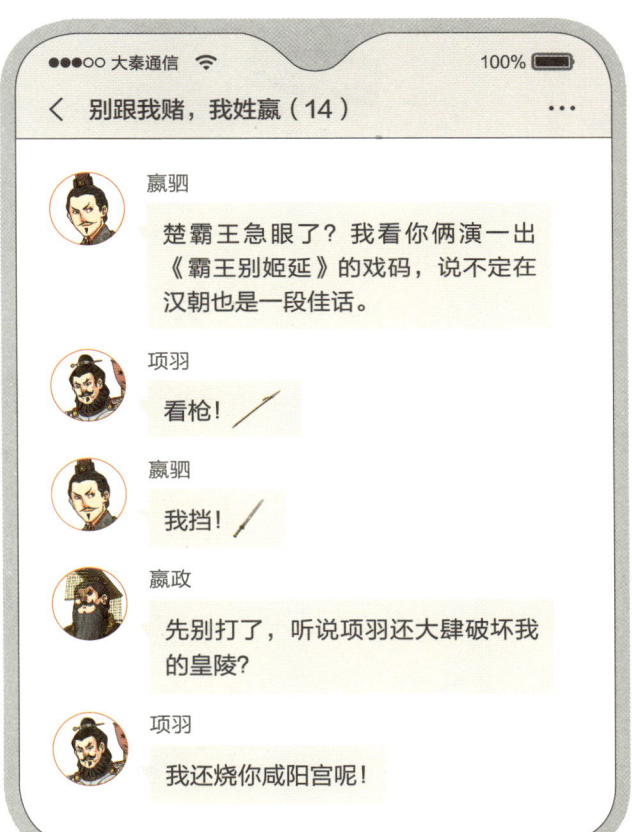

🔊 "挥剑决浮云,诸侯尽西来"出自唐代诗人李白的诗。

古风五十九首·其三(节选)

秦皇扫六合,虎视何雄哉。
挥剑决浮云,诸侯尽西来。

🔊 《阿房宫赋》写道:"戍卒叫,函谷举;楚人一炬,可怜焦土。"似乎千百年来,项羽火烧阿房宫已经成了共识,不过根据考古学家的调查研究,阿房宫在秦朝灭亡的时候,依旧没有完工,项羽焚毁的秦朝宫殿,大概率是咸阳宫。

玖　天上掉下个楚霸王："力拔山兮气盖世，我进群好像不太合适！"

嬴渠梁
得亏你活在古代，不然破坏文物可是要判刑的！

项羽
……

嬴政
我大秦皇陵，千秋永在。你项羽都被分尸了，我秦陵还是屹立不倒！

项羽
……

嬴稷
我刚刚翻看了《成语故事》，什么四面楚歌、十面埋伏、作壁上观、锦衣夜行、沐猴而冠，项羽也贡献了不少成语啊。

嬴驷
好家伙，大部分都是贬义词和失败者专属用语！

历史太好玩了！古代帝王群聊. 秦朝篇

别跟我赌，我姓嬴（14）

项羽
……

姬延
江东子弟多才俊，卷土重来未可知。

姬延
要是当时项羽跨过乌江招兵买马，没准还能重夺天下！

子婴
他哪还有脸见江东父老！

项羽
要说无颜见江东父老，你们秦国有一个比我更丢脸的！

胡亥
不会又是我吧？

项羽
别紧张，是章邯！

玖　天上掉下个楚霸王："力拔山兮气盖世，我进群好像不太合适！"

别跟我赌，我姓嬴（14）

胡亥
妈呀，吓死我了！

项羽
我几万楚军同章邯四十万秦军决战巨鹿，打得你家主力尽丧，名存实亡，为这事，秦人都恨透了章邯。

子婴
别得意！等刘邦"还定三秦"，打败你项羽主力的还是我们秦人。

嬴渠梁
他项羽这么牛，怎么还会败呢！

胡亥
不听范增的话，放过刘邦，吃亏了吧！

项羽
……

◀) 章邯可以说是秦朝最后的一员大将。秦二世元年，章邯率骊山刑徒及奴产子迎战陈胜麾下将领周文，取胜后乘胜攻杀其他反秦武装。但他在巨鹿之战中被项羽击败，麾下四十万精锐丧尽，其中有二十万人被项羽坑杀。项羽留下了章邯、司马欣、董翳（yì）三人，这也导致了老秦人对他们恨之入骨，老秦人抱怨说，把自己家的孩子交给章邯东出打楚国项羽，没想到一个都没回来，章邯身为败军之将不敢自杀苟活于世也就罢了，竟然还被封为王爵？真是岂有此理！章邯投降楚军后，项羽将章邯、司马欣、董翳分封为雍王、塞王、翟王，这也就是陕西别称三秦的由来。

◀) 汉元年（公元前206年）二月，灭秦战争基本结束，项羽自立为西楚霸王，建都彭城。他分封沛公刘邦为汉王，统治巴蜀、汉中之地，把原本应该分封给刘邦的关中地区，封给秦朝降将章邯、司马欣和董翳，企图以三秦控制关中，防止刘邦东进。

玖 天上掉下个楚霸王："力拔山兮气盖世，我进群好像不太合适！"

汉元年（公元前206年）八月至汉二年（公元前205年）六月，汉王刘邦攻占关中，打破了项羽设计的包围圈，原秦军将领章邯不得秦人拥戴，再加上刘邦在灭秦时期早就通过"约法三章"等政策收买了关中人心，所以关中百姓无不拥护刘邦，为刘邦提供了充足的兵源和财力，奠定了刘邦打败项羽的基础。这个事件被称为"还定三秦"。

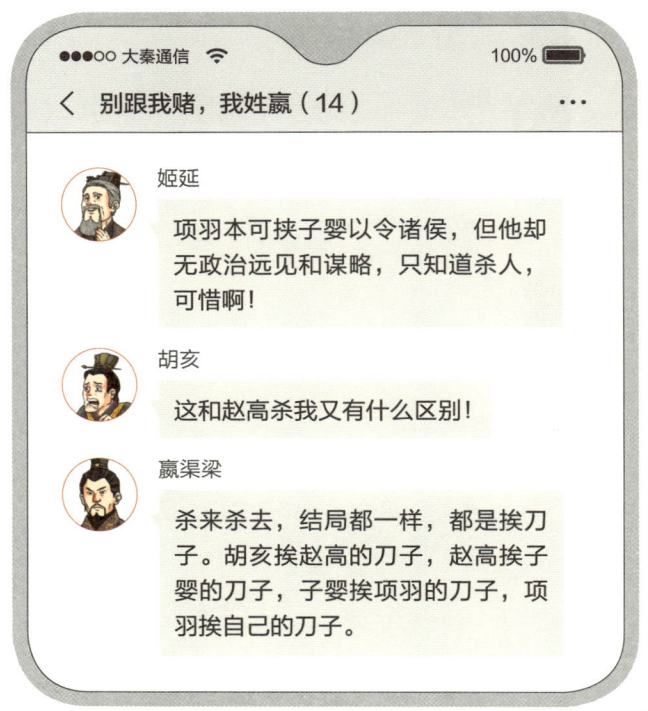

历史太好玩了！古代帝王群聊. 秦朝篇

< 别跟我赌，我姓嬴（14）

子婴
他自己不动刀子，就只能挨刘邦的刀子了。

项羽
……

嬴政
反正都是不得好死！

项羽
虽说我刚愎自用，独断专行，那也没耽误我二十多岁就复楚灭秦，分封天下诸侯。

嬴政
你搞那套分封诸侯，就是公然开历史倒车，不败才怪。

项羽
生当作人杰，死亦为鬼雄，比起你秦朝被黑惨，不知道多少人把我项羽当成偶像！

玖　天上掉下个楚霸王："力拔山兮气盖世，我进群好像不太合适！"

别跟我赌，我姓嬴（14）

嬴政
要是说天下反秦，那肯定说的是反胡亥和赵高这对"卧龙凤雏"。

胡亥
……

赵高
说这话我可就得辩两句了！天下苦秦，纷纷造反，都是陛下您在位期间滥用民力，才闹得民怨沸腾，您这一死自然就没人镇得住场子了。

嬴政
……

项羽
为了修骊山皇陵，嬴政你征发民夫七十万；为了防止泄露皇陵秘密，参与徭役的民夫成了殉葬品。

姬延
我也听说天降陨石，上边写着祖龙死而地分，嬴政就派人屠灭了陨石周围数里之内的百姓。

历史太好玩了！古代帝王群聊．秦朝篇

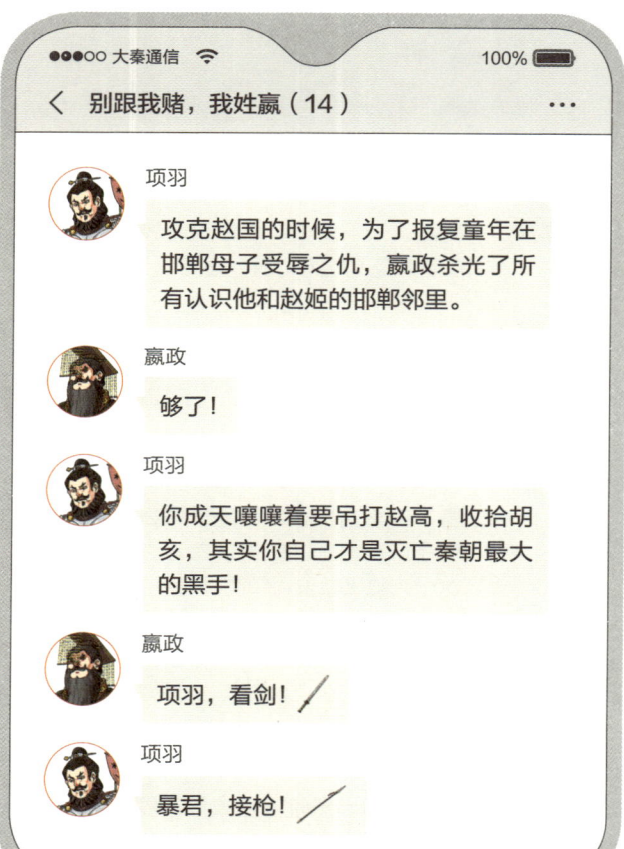

玖 天上掉下个楚霸王:"力拔山兮气盖世,我进群好像不太合适!"

秦始皇的许多"黑历史"散见于《史记·秦始皇本纪》。可以说,史书记载中的嬴政,是一个"杀戮工匠",一个迷信陨石,为了报幼年之仇亲身去赵国杀人的君王,充分彰显了他睚眦必报、心怀猜忌的性格,也成为两千年来秦始皇暴君形象的来源。

秦王之邯郸,诸尝与王生赵时母家有仇怨,皆阬之。

……

三十六年,荧惑守心。有坠星下东郡,至地为石,黔首或刻其石曰"始皇帝死而地分"。始皇闻之,遣御史逐问,莫服,尽取石旁居人诛之,因燔销其石。

……

始皇初即位,穿治郦山,及并天下,天下徒送诣七十余万人……葬既已下,或言工匠为机,臧皆知之,臧重即泄。大事毕,已臧,闭中羡,下外羡门,尽闭工匠臧者,无复出者。树草木以象山。

——《史记·秦始皇本纪》

当失传已久的庙号重现大秦：
谁为祖，谁称宗？

* 群里众人好奇地点开视频，看完后秦人纷纷打出问号，而姬延则大呼"壮哉"。

拾　当失传已久的庙号重现大秦：谁为祖，谁称宗？

别跟我赌，我姓嬴（14）

姬延
壮哉！这是我看过最霸气的了断！

胡亥
😱 不好意思，分享失误，我以为项羽会死得很糗！

姬延
你以为人家是你吗？

胡亥
……

嬴政
人在春风得意时布好局，才能四面楚歌时有后路！项羽败就败在没有规划好未来。

项羽
你又何尝不是呢？

嬴政
……

🔊 秦始皇嬴政（公元前259年—公元前210年）活了49岁，项羽（公元前232年—公元前202年）活了30出头，两个人相差了27岁，差不多是一代人的时间。

🔊 四面楚歌是形容人们遭受各方面攻击或逼迫的人事环境，而致陷于孤立窘迫的境地。

拾　当失传已久的庙号重现大秦：谁为祖，谁称宗？

项羽屯兵垓下，刘邦为了尽快打败项羽，采取了动摇项羽军心的策略，就是派手下士兵在项羽营地外唱歌，唱的还都是项羽家乡楚国的歌谣，项羽一方军心大乱，很快就被刘邦击败。

项王军壁垓下，兵少食尽，汉军及诸侯兵围之数重。夜闻汉军四面皆楚歌，项王乃大惊，曰："汉皆已得楚乎？是何楚人之多也。"

——《史记·项羽本纪》

历史太好玩了！古代帝王群聊.秦朝篇

拾　当失传已久的庙号重现大秦：谁为祖，谁称宗？

●●●○○ 大秦通信 🛜　　　　　　100% 🔋

< 别跟我赌，我姓嬴（15）　　　…

"扶苏""我本布衣"通过"项羽"分享
的二维码加入群聊

"项羽"退出该群

胡亥
@我本布衣 这是谁？

"扶苏"拍了拍"胡亥"

胡亥
大哥，你怎么一进来就打我？

扶苏
这不是礼节性的"拍一拍"吗？

胡亥
好家伙，我竟无言以对！

扶苏
扶苏拜见列祖列宗！

嬴政
🔨一道假诏书你就自刎了？你就不知道找我确认申诉一下？虽然我已死无对证！

历史太好玩了！古代帝王群聊. 秦朝篇

敲黑板

🔊 秦二世胡亥与赵高、李斯等人合谋，在秦始皇死后抢班夺权，最让他们忌惮的就是深受秦始皇宠爱、又手握长城边塞数十万大军的皇长子扶苏。于是秦二世团伙伪造了一封书信，里边的内容写得很过分，对扶苏多年来的工作进行了贬低，对扶苏本人的人格进行了侮辱，信封还是用秦皇玉玺封印的，扶苏看后很伤心，认为这是父亲秦始皇的命令，于是不做辩解就自杀了。

> 更为书赐长子扶苏曰……封其书以皇帝玺，遣胡亥客奉书赐扶苏于上郡。使者至，发书，扶苏泣，入内舍，欲自杀。蒙恬止扶苏曰："陛下居外，未立太子，使臣将三十万众守边，公子为监，此天下重任也。今一使者来，即自杀，安知其非诈？请复请，复请而后死，未暮也。"使者数趣之。扶苏为人仁，谓蒙恬曰："父而赐子死，尚安复请！"即自杀。
>
> ——《史记·李斯列传》

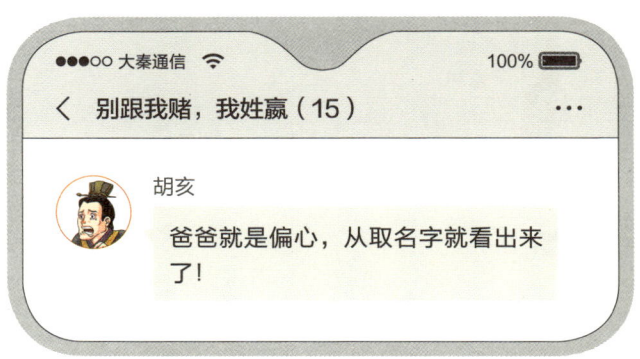

别跟我赌，我姓嬴（15）

嬴政
你又想说什么？你这名字怎么了！

胡亥
我妈是胡姬，我生在亥年属猪，就给我取名胡亥——您也太不走心了！

嬴政
那是我统一文字以后，翻遍了扫盲手册才找出来的！

胡亥
那为啥大哥扶苏的名字就选自"四书五经"里的《诗经》？那么优雅，那么好听！

嬴驷
山有扶苏，隰有荷华。确实是个好名字！

扶苏
弟弟啊，别傲娇，哥哥也按照"四书五经"给你重起一个名字！

拾　当失传已久的庙号重现大秦：谁为祖，谁称宗？

历史太好玩了！古代帝王群聊．秦朝篇

别跟我赌，我姓嬴（15）

 扶苏

 胡亥

你既不是太子，也不是皇帝，待在群里想干吗？

 扶苏

篡改遗诏，夺我皇位的才是真不要脸！

 胡亥

就算让你继位，只怕你也是个软弱的君主。

 扶苏

我那叫仁柔宽博，路行长远。大秦多年征战，连年大兴土木，就需要我这种仁义温柔的"暖男"来治理乱象！

 胡亥

那你就是不遵守法家的治国理念！活该被爸爸扔到塞北，跟蒙恬一起守长城。

拾　当失传已久的庙号重现大秦：谁为祖，谁称宗？

🔊　"四书五经"是指儒家学说的根本经典，四书包括《论语》《孟子》《中庸》《大学》，五经包括《诗经》《尚书》《礼记》《周易》《春秋》。

🔊　扶苏之名出自《诗经·郑风》："山有扶苏，隰（xí）有荷华。不见子都，乃见狂且。山有桥松，隰有游龙，不见子充，乃见狡童。"

🔊　扶苏和蒙恬守卫长城的事发生于"焚书坑儒"之后。秦始皇特别迷信方士学说，崇信侯生、卢生等人，但是在秦始皇三十五年，侯生、卢生仿佛吃错了药一般，竟然讥讽评议秦始皇的暴戾，喷了一顿就跑了，这让秦始皇很生气，于是派人到处抓捕咸阳城内的方士、术士。大约有四百六十多人，被秦始皇判处坑杀。扶苏因这场政治风波牵连甚广，于是上书劝谏，希望秦始皇以安定人心为要，不必大动肝火。可是秦始皇盛怒之下将扶苏发配边疆，让他到上郡担任监军，协助大将军蒙恬修筑万里长城，抵御北方游牧民族匈奴。

拾　当失传已久的庙号重现大秦：谁为祖，谁称宗？

嬴政
都给我闭嘴！

嬴政
我身为始皇，怎么生出的后代就这么没用，造孽啊！

嬴柱
是啊，看看你们的爸爸嬴政，少年英雄，直接决赛圈秒杀六国。

嬴渠梁
对！锐意进取，变法图强，像我！

嬴驷
纵横捭阖，进退有度，像我！

嬴荡
物法双修，刚毅勇猛，像我！

嬴稷
征战杀伐，果断决绝，像我！

243

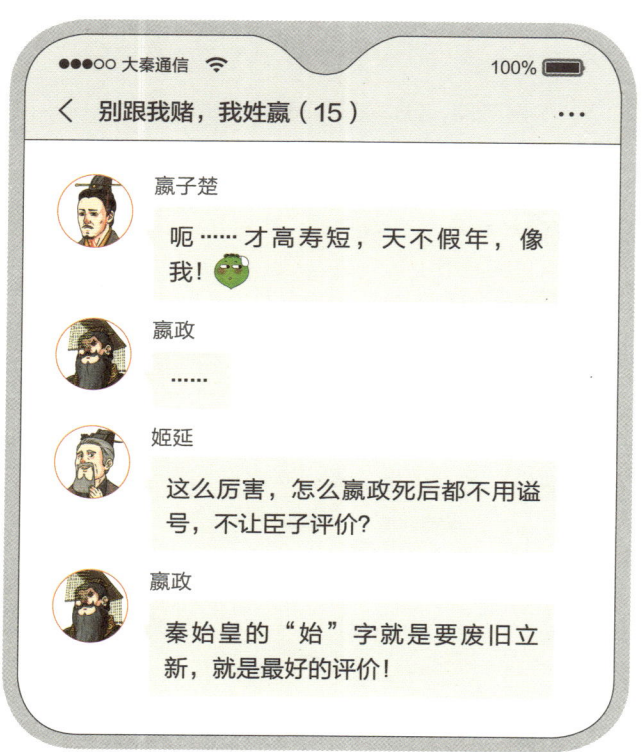

 秦始皇为什么叫"始皇帝"呢？他的"始"就是开始、起始的意思。

制曰："朕闻太古有号毋谥，中古有号，死而

拾　当失传已久的庙号重现大秦：谁为祖，谁称宗？

以行为谥。如此，则子议父，臣议君也，甚无谓，朕弗取焉。自今已来，除谥法。朕为始皇帝。后世以计数，二世三世至于万世，传之无穷。"

——《史记·秦始皇本纪》

秦始皇认为自己"法令由一统，自上古以来未尝有，五帝所不及，号曰皇帝"，是中国历史上的第一位皇帝，于是废除了谥号的评价机制，以"始皇帝、二世皇帝、三世皇帝"这样的顺序传承下去。

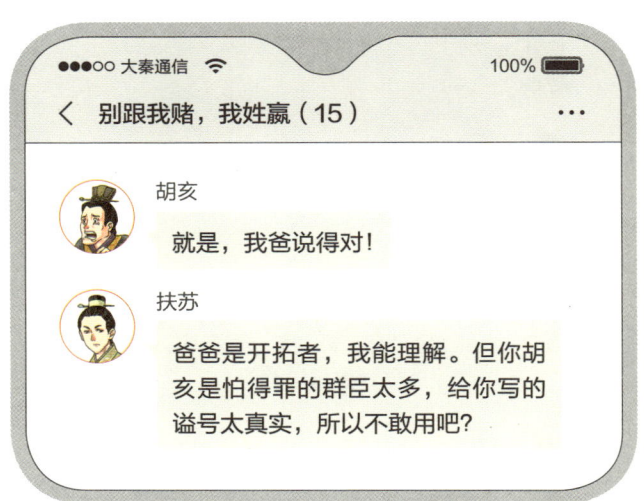

历史太好玩了！古代帝王群聊．秦朝篇

别跟我赌，我姓嬴（15）

胡亥
……

姬延
始于西周的谥号，这样的传承，嬴政你说废就废，无耻啊！

嬴政
那始于商朝的庙号，不也是你们周朝废的吗？！

姬延
……

嬴渠梁
说到这个庙号还是挺有趣的，不如咱们今天就各自补一个？

嬴驷
可以啊！自古以来，祖有功，宗有德，庙号还是可以有的！

胡亥
那我先来！

拾　当失传已久的庙号重现大秦：谁为祖，谁称宗？

🔊　谥号出现在周朝，周人评价先祖功过，会用谥号给人盖棺定论。一般王公贵族、达官显宦，都会在死后获得谥号。谥号是臣子对已故君主，或君主对已故臣子的评价，分为美谥、平谥、恶谥。例如，周文王、汉武帝、唐明皇，都是美好的谥号，汉献帝、周幽王就是普通的或者不好的谥号。

🔊　庙号出现在商朝，是将祖先供奉在家庙中的称号。商朝已经有了太宗、中宗、高宗、世祖等庙号。

在周、汉等时代，因为谥号的大规模使用，使得谥号长期成为评价已故名人的标准。唐朝到清朝，谥号越用越泛滥，尤其是君主的谥号，溢美之词会叠加好几层，有的谥号长达二十来个字，长得跟火车皮一样，失去了评价人物的现实作用，于是庙号就取代了谥号的作用。汉代的庙号，只有有作为的君主才能获得，到了唐朝以后，庙号几乎每个皇帝都会有。

拾　当失传已久的庙号重现大秦：谁为祖，谁称宗？

嬴荡
联越制楚攻宜阳，盟魏东出入周邦，观兵问鼎洛京下，高宗武王！

嬴稷
驱逐四贵在位长，长平破赵迁周王，远交近攻谋一统，世祖嬴稷！

嬴柱
在位三天不犯错，大赦天下封功臣，休养生息安社稷，中宗嬴柱！

嬴子楚
受任为质命危悬，攻灭东周定太原，在位三年建功业，世宗子楚！

嬴政
横扫八荒灭六王，建极天下称始皇，度量文轨大一统，高祖嬴政！

刘邦
大丈夫当如此也！

* 原来，先前进群后一直没发言的"我本布衣"正是西汉的开国皇帝刘邦……

拾　当失传已久的庙号重现大秦：谁为祖，谁称宗？

🔊　友情提示：给历代秦王安排庙号纯属脑洞，切勿当真！

大多数学者都认为庙号起源于商朝，而散见于史籍中的商朝庙号有太宗、中宗、高宗、世祖等。那么假设秦朝的君主们要分别起一个庙号，他们唯一的参照物就是商朝的庙号，作为今人的我们，或多或少还可以参照后世王朝为帝王上庙号的习惯。经过综合考量，我们根据以上几个庙号进行重新归类，按照祖有功，宗有德的规矩，与太、高、中、世相匹配，大概可以得到七个庙号——太祖太宗、高祖高宗、世祖世宗以及中宗。

后人评价秦王朝的发家史，基本都从商鞅变法开始算，而主持商鞅变法时期政局的君主，便是秦孝公嬴渠梁。在《越绝书》等史籍中，他还被记载为秦平王，古籍有言"奋六世之余烈"，那么我们就把秦王朝发家的开创之功算到秦孝公头上吧。

从秦孝公开始，秦惠文王、秦昭襄王、秦始皇，三代君主可以说是功劳最大的，而且具有划时代意义。秦惠文王是第一个称王的秦国君主，秦昭襄王灭掉东周王朝，从此史家开始以秦为纪年，秦始皇更不用说了，一统天下功劳肯定是最大的，他们都是"祖"这个称号有力的竞争者。

对于各位秦国君主的庙号，有如下的安排：

假设我们从秦孝公到秦朝灭亡作为一个范围，秦国和秦朝历史算作一个独立而特殊的时代的话，这个时代的开创者无疑就是秦孝公，那么他被称为太祖也算是理所当然。

一般来说，王朝的第二代君主经常被称为太宗，而古往今来的太宗往往都是功劳很大的人物，例如汉太宗刘恒、唐太宗李世民、明太宗朱棣、清太宗皇太极等。汉太宗刘恒对于汉朝，是一个在诸吕之乱后开辟新纪元的人物，唐太宗李世民对于唐朝可以说有开创之功，明太宗朱棣将明朝推向极盛，清太宗皇太极则是清王朝的真正开创者，与古往今来的太宗相比较，称秦惠文王为太宗，不会辱没了他，那么我们就姑且将秦惠文王的庙号定为太宗好了。

秦武王嬴荡本来是秦惠文王的顺位继承人，执掌秦国也是颇有功勋，奈何天不假年，英年早逝，王国世系落到了自己的弟弟秦昭襄王嬴稷手中。其实按照庙号的规矩，由原有的继承顺序转移到一个新的世系，这个站在转折点上的人物，往往要被称为世祖或者世宗，那么我们就将站在血脉传承转折点上，并且功劳极大的秦昭襄王嬴稷，称为秦世祖吧。秦武王开疆拓土，武功赫赫，和商高宗、唐高宗等人相比不遑多让，那么就称秦武王为秦高宗。

秦昭襄王嬴稷的儿子孙子，也就是秦孝文王和秦庄襄王，在位时间都不是很长，相比于他们的祖先，功劳也不算太大。我们可以把秦中宗这个庙号送给秦孝文王嬴柱。而秦庄襄王嬴子楚，本来也不是秦孝文王的直接顺位继承人，而是经过一系列政治周旋之后才当上王国继承者的，也可以视作重新开辟了一个世系，那么就把秦世宗的庙号送给他。

太祖太宗、世祖世宗和高宗中宗，都已经有所归属了，高祖的称号就留给秦始皇吧。许多朝代高祖都是开创朝代的那个人物，譬如我们经常说的汉高祖（太祖）刘邦、唐高祖李渊等。不过还要说明一下，这是一个基于历史、弥补历史遗憾的小脑洞，不是真实的历史结论或定论，姑且是一家之言，大家切莫当真。

附：秦朝趣味知识测试

全国统一卷

1 哪位君主族灭商鞅、不废其法？
　　A.秦孝公嬴渠梁　　　　　　B.秦惠文王嬴驷
　　C.秦始皇嬴政　　　　　　　D.秦二世胡亥

2 中国历史上第一次大规模农民起义是
　　A.大泽乡起义　　　　　　　B.黄巾起义
　　C.太平天国运动　　　　　　D.黄巢起义

3 以下哪位不在西方四大军事统帅之列？
　　A.恺撒　　　B.汉尼拔　　　C.索伦　　　D.拿破仑

4 关于"百家争鸣"，下列说法正确的是
　　A.墨家主张"顺其自然，无为而治"
　　B."百家争鸣"发生于西周初期
　　C.百家指的是一百多家学派
　　D.商鞅、韩非都是法家的代表人物

5 以下哪位不是周朝天子？
　　A.姬延　　　B.姬发　　　C.姬旦　　　D.姬昌

6 下列四个成语中，和秦昭襄王嬴稷无关的是
　　A.价值连城　　B.完璧归赵　　C.鸡鸣狗盗　　D.债台高筑

7 五行"木火土金水"的相生关系错误的是
   A.木生火   B.火生土   C.土生金   D.金生木

8 商鞅是哪国人？
   A.魏国人   B.卫国人   C.秦国人   D.楚国人

9 以下哪项不是秦始皇加强中央集权的措施？
   A.书同文、车同轨   B.统一货币
   C.颁布推恩令   D.统一度量衡

10 战国四大名将不包括以下哪位？
   A.白起   B.王翦   C.孙武   D.李牧

11 成语一字千金与以下哪部作品有关？
   A.《吕氏春秋》   B.《爰历篇》
   C.《三都赋》   D.《淮南子》

12 秦国在位时间最短的君主是谁？
   A.秦孝公嬴渠梁   B.秦孝文王嬴柱
   C.秦武王嬴荡   D.秦庄襄王嬴子楚

13 秦统一后，为了加强中央集权，在地方上实行
   A.分封制   B.郡县制   C.刺史制度 D.行省制度

14 关于姓氏，以下说法错误的是
   A.项羽，姬姓，项氏   B.嬴渠梁，嬴姓，赵氏
   C.吕不韦，姬姓，吕氏   D.商鞅，姬姓，公孙氏

15 史书中的哪句"豪言壮语"出自项羽之口?

A.王侯将相宁有种乎?　　　　B.彼可取而代也!

C.吾必当乘此羽葆盖车!　　　D.燕雀安知鸿鹄之志哉!

16 "四书五经"不包括

A.《论语》　　B.《大学》　　C.《周易》　　D.《楚辞》

17 关于庙号、谥号,下列说法不准确的是

A.庙号制度曾被废止,周朝重新开始使用庙号

B.汉武帝的谥号是孝武皇帝

C.秦始皇没有谥号

D.汉朝开国皇帝刘邦的庙号是太祖

18 关于秦朝著名宫殿阿房宫,下列说法较为准确的是

A.诗人杜甫的《阿房宫赋》描绘了阿房宫的繁华,也抨击了秦朝统治者的骄奢。

B.阿房宫在秦朝灭亡的时候依旧没有完工。

C.阿房宫是秦始皇为了纪念一位赵国女子而建造的。

D.秦末农民起义军烧毁了阿房宫。

19 以下词语和历史故事荆轲刺秦无关的是

A.鱼腹藏书　　B.悲歌击筑　　C.图穷匕见　　D.秦王绕柱

20 和马其顿国王亚历山大三世同时期的君主是谁?

A.秦始皇嬴政　　　　　　　B.周平王姬宜臼

C.秦惠文王嬴驷　　　　　　D.汉武帝刘彻

正确答案及评分

1~10：BACDCDDBCC
11~20：ABBCDBDABAC

计分规则：每题5分，满分100分。

90—100分

获得称号：天选之人
触发任务：
成为姬延的大臣，帮他重振大周荣耀。

能力越大，责任越大！

75—85分

获得称号：过目不忘
触发任务：
完成嬴稷为你制定的小目标——背诵《成语故事》。

哀哀欲绝，哀鸿遍野，哀兵必胜……

60—70分

获得称号：心猿意马
触发任务：
你虽不善答题，但很有生意头脑，成功加入吕不韦的营销团队。

奇货可居！

0—55分

获得称号：过目即忘
触发状态：
成为赵高的手下，帮他采购咸鱼。

我负责当学霸，你负责当爪牙！

致 谢

胥渡吧"古代帝王群聊"系列能够出圈,被无数观众喜爱,离不开每一位小伙伴的献声与出力。值此新书出版之际,我代表胥渡吧团队感谢大家的付出与支持。

配音组:

石泰铭	胥 渡	张子牙	许 鹏	仙 仙
小 蝶	魏奇玉	胡东方	不 懂	刘天赐
大 熊	王 度	益 达	薛屹楠	康振文
菲 儿	明烛天	五月龙	刘小芸	王志鹏
张三丰	孟 宪	小俏妞	小 林	大 亮
颖 东	明 儿	周 强	覃 勤	恩戴米恩

编制组:

胥 渡	仙 仙	孟天骄	韩子晨	刘天赐

图书在版编目（CIP）数据

历史太好玩了！：古代帝王群聊．秦朝篇／胥渡著
．—哈尔滨：哈尔滨出版社，2022.5
　ISBN 978-7-5484-6457-0

　Ⅰ．①历… Ⅱ．①胥… Ⅲ．①中国历史—秦代—通俗读物②帝王—生平事迹—中国—秦代　Ⅳ．①K209②K827=2

　中国版本图书馆CIP数据核字（2022）第045821号

书　　名：历史太好玩了！——古代帝王群聊．秦朝篇
LISHI TAI HAOWAN LE!——GUDAI DIWANG QUNLIAO. QINCHAO PIAN

作　　者：胥　渡　著
责任编辑：尉晓敏　李维娜
封面设计：主语设计

出版发行：哈尔滨出版社（Harbin Publishing House）
社　　址：哈尔滨市香坊区泰山路82-9号　　邮编：150090
经　　销：全国新华书店
印　　刷：嘉业印刷（天津）有限公司
网　　址：www.hrbcbs.com
E-mail：hrbcbs@yeah.net
编辑版权热线：（0451）87900271　87900272
销售热线：（0451）87900202　87900203

开　　本：880mm×1230mm　　1/32　　印张：8.5　　字数：160千字
版　　次：2022年5月第1版
印　　次：2023年3月第3次印刷
书　　号：ISBN 978-7-5484-6457-0
定　　价：55.00元

凡购本社图书发现印装错误，请与本社印制部联系调换。　服务热线：（0451）87900279